2

m. 137

# RECHERCHE

FAITE EN 1540,

## PAR LES ÉLUS DE LISIEUX,

DES NOBLES DE LEUR ÉLECTION,

AVEC DES NOTES, DES REMARQUES ET DES TABLES,

PAR MESSIRE PIERRE-ÉLIE-MARIE LABBEY DE LA ROQUE,

CHEVALIER, CHEF DE BATAILLON, CHEVALIER DE ST-LOUIS, ÉDITEUR
DE LA RECHERCHE DE MONTFAUT.

———————❦———————

CAEN,

IMPRIMERIE DE F. POISSON, RUE FROIDE.

1827.

# PRÉFACE.

Le monument que nous publions voit le jour
pour la première fois. Nous le donnons d'a-
près deux exemplaires comparés et corrigés
l'un par l'autre. Le premier, écrit vers 1736,
par Messire Charles-Jean-Baptiste-Richard,
seigneur de Cairon, formait, avec la Recherche
par les Elus de Lisieux, en 1523, écrite éga-
lement de sa main, un volume petit in-folio,
qui a péri chez moi dans les ravages de 1792.
Mais j'ai encore la copie que j'avais faite, en
1786, de la Recherche de 1540. Le second
exemplaire, d'une mauvaise écriture du 17°.
siècle, signé, au bas de la dernière page, de
de Lyée-Belleau, nom du possesseur, existe
chez M. Labbey de Villerville, à son château
de Villerville-sur-la-Mer, à deux lieues ouest
de Honfleur. En 1780, je vis à la bibliothèque
du Roi, à Paris, une autre copie, du 18e. siècle, des Recherches des Elus de Lisieux en

1523 et en 1540. Je l'y demandai en 1825 ; et après l'y avoir, m'assura-t-on, soigneusement cherchée, on répondit qu'on ignorait ce qu'elle était devenue. Ainsi avait disparu, des archives de la Chambre des Comptes de Rouen, l'original de la Recherche de Montfaut en 1463. Sur la foi de Masseville, qui, dans son Histoire de Normandie, in-12, t. 4, p. 410, dit l'y avoir vu ; je l'y demandai en 1783. La réponse fut, qu'il n'y était plus : et j'ai lieu de croire qu'on l'avait réellement cherché, et qu'on ne me trompait pas. Si tant de monumens périssent dans des dépôts, qui sembleraient devoir être pour eux un asile assuré, combien peu doit-on compter sur la durée de ceux qui n'existent que dans un petit nombre de copies, chez des particuliers, la plupart ignorans ou insoucians, si même ils ne sont pas jaloux et malveillans. La noblesse de l'ancienne élection de Lisieux doit donc me savoir gré de lui conserver un monument curieux, fort important pour elle, et que menaçait une prochaine destruction.

# RECHERCHE DES NOBLES

## DE L'ÉLECTION DE LISIEUX,

FAITE par Maîtres Nicolas le Valois, François le
Roi, et Jean Hédiard, escuyers, élus de Lisieux,
commissaires du Roi nôtre sire en cette partie,
en ensuivant la commission adressée par le Roi
notre dit seigneur à vous monseigneur le Général de Normandie, datée du 21°. jour d'a-
vril 1540 ; le *vidisse* de laquelle, signé Picard,
nous a été présenté, avec autre commission
qu'il vous a plu nous adresser du 18°. jour
de mai audit an 1540 : par lesquelles commissions il nous étoit mandé, en faisant les
chevauchées par les villes, bourgades, et étendue de nostre élection, nous enquerir et informer duement, si es dites villes de notre
ressort à présent closes et fermées le Roi notre
dit sire a pas accoutumé prendre et lever les
tailles, aides et impositions de toutes denrées
et diverses marchandises, vendues et revendues, changées ou troquées, excepté des me-
nues denrées appelées quincailleries ; et, si les
manans ou habitans des dites villes, ou plat
pays, et étendue de notre dite élection, pré-
tendent exemption des dites tailles et aides,
nous informions des causes pour lesquelles ils

entendent jouir d'icelles exemptions , et , si
aucuns priviléges ils ont à cette fin , qu'ils
soyent par nous vûs pour savoir s'ils ont été
duement conservés et vérifiés , et en prendre
la copie duement approuvée , le procureur
du Roi appellé , en contraignant à ce faire les
dits eux-disant privilégiés , sur les peines contenues en la dite commission. Et généralement
nous informer de ceux qui se disent estre Escuyers et éxempts des dites tailles et aides ,
soit communautés de villes , bourgs ou parroisses particulieres , et ensemble de toutes les
autres fautes , abus , et malversations qui se
commettent au fait des dites tailles et aides et
de ce qui en dépend , soit par personnes nobles
faisant actes dérogeans à noblesse , ou de ceux
qui abusent du dit privilege , gens d'église faisant trafic de marchandises , et pareillement
des gens des ordonnances prenant baux à
ferme , et autres contrevenans aux ordonnances des dites aides et tailles. Et de ce qui
en sera trouvé faire procès-verbaux , lesquels ,
avec les doubles duement signés des rôles de
la dite taille de chacune parroisse , où seront
insérés les noms des gens d'église , nobles , et
autres prétendans éxemption , envoyer par devant vous monseigneur le Général , aux fins
de.... jouxte qu'il est contenu plus amplement
ès dites commissions.

Nous, en presence du Procureur du Roi de la dite Election, ou son substitut, et du greffier d'icelle ou son commis, avons, le 18ᵉ. jour de juin dernier passé, commencé à procéder à faire les dites chevauchées par les parroisses, villes, et bourgades de l'étendue d'icelle, et en icelles villes et bourgades avons par les Sergents ordinaires de ces dits lieux fait approcher et assembler par devant nous les collecteurs et parroissiens de chacune parroisse, afin d'apporter la copie des rôles de leurs tailles de l'année précédente, et estre enquis et éxaminés sur les gens d'église, personnes nobles, ou autres personnes privilégiées et éxemptes de payer les dites aides et tailles, et sur la désignation d'iceux.

A laquelle fin, suivant les dits approchemens, se sont comparus par devant nous aucuns collecteurs et parroissiens de chacune parroisse, lesquels nous ont baillé et présenté des copies de leurs rôles et assiettes, duement collationnées et approuvées, et à la fin desquels sont écrits et nommés les gens d'église, personnes nobles, et ceux se disants privilégiés. Après laquelle réception faite, avons procédé à éxaminer les dits collecteurs et parroissiens présentans les dites copies sur le fait de la dite dérogeance, et aux fins contenues et déclarées en nos dites commissions. Les personnes desquels dérogeans, même les dites personnes nommées nobles et privilégiées ont été, instance du dit procureur, fait approcher et convenir par devant nous, à plusieurs et diverses journées, pour être ouis, c'est à sçavoir les dits dérogeans, et les dits nobles, et ceux se disants privilégiés, pour nous déclarer et fournir les causes pour lesquelles ils entendent jouir des dits priviléges et exemptions. Au quel approchement se sont présentés grand nombre de gens d'église, personnes nobles, et autres usants de priviléges, lesquels ont été ouis sur les dites exemption et dérogeance, et ont baillé et fourni leurs priviléges et extraction de noblesse particulièrement et chacun à part soi, selon qu'il sera ci-après déclaré par et en chacune parroisse, ville, et bourgade de la dite élection.

L'étoile qui précède le numéro d'un article indique une note relative à cet article.

## VICOMTÉ D'ORBEC.

### SERGENTERIE D'ORBEC.

#### PARROISSE DE PRÉAUX.

1. Geffroi de la Roche a baillé une généa-

logie en papier, et pour toute écriture s'est aidé d'un extrait recueilli, suivant la requête présentée à la Chambre des comptes par Pierre et Guillaume, dits de la Roche, pour avoir ledit extrait, qu'il a dit être mentionné aux registres de la dite Chambre, lequel extrait contient que Macé de la Roche avait été anobli par le Roi en l'an 1454, moyennant 60 écus d'or par lui solus et payés ; duquel extrait signé le blanc, la copie est demeurée au greffe ; et pource qu'il n'a fourni de sa descente ni fait aucune justification de sa noblesse, le procureur du Roi a requis qu'il soit imposé au profit dudit sieur.

### MEULES.

2. Jacques du Vieu, soi - disant personne noble, qui avoit été accusé de dérogeance pour tenir à titre de ferme aucuns héritages de Thomas de Saint-Aubin et Jean du Bosc, en a été suffisamment atteint par sa confession faite le 21ᵉ. jour d'août dernier passé ; puis lequel temps le dit du Vieu est allé de vie à trépas, au moyen de quoi n'a été plus avant procédé contre lui sur le fait de sa noblesse.

* 3. Macé de Malmoine, pour lui et son fils, et a dit être d'ancienne noblesse, et pour jus-

tification d'icelle, a fourni d'un . . . . de la cour, donné de nos dits sieurs les généraux à son profit et entente, le 30 mars 1519.

4. Charles le Loureux, S<sup>r</sup>. de la Losière et de Pierfitte, a pareillement dit être noble d'ancienneté, et l'a fourni par arrêt de la Cour, donné à son entente, le 15<sup>e</sup>. jour d'avril 1518.

5. Antoine le Petit, S<sup>r</sup>. de la Moranderie, a déclaré, par M<sup>e</sup>. Hugues le Petit, son frère, qu'il n'entend jouir du privilége de noblesse, et qu'il est, passé à long-temps, assis en la parroisse du Tertre ; de laquelle assiette il est apparu par la copie du rôle de ladite parroisse.

6. Pierre Gedoin, S<sup>r</sup>. de la Couture, suivant l'assignation à lui faite pour dire les causes de son exemption, avoit dit être personne noble d'ancienneté. Pour de quoi faire apparoir temps lui avoit été donné jusqu'à la Saint-Michel dernière, dans lequel temps il ne s'est comparu ni du depuis, combien que plusieurs fois il a été convenu instance du procureur du Roi. Au moyen de quoi, comme contumax, ledit procureur du Roi a requis ledit Gedoin estre assis.

7. Louis Amiot, S<sup>r</sup>. de Montfort, a dit être

noble d'ancienneté et descendu de Jean Amiot, son bisayeul, et damoiselle Marguerite Lion, sa bisayeule, à laquelle était succédée la dite terre de Montfort ; et pour fournir de ces choses, a fait apparoir de la copie d'une lettre contenant la vérification d'un aveu baillé à Macé de la Roche, écuyer, en l'an 1455, à cause de certain fief dont la dite terre de Montfort étoit tenue ; et pourceque la descente du dit Louis Amiot n'étoit suffisamment fournie par sa production, et aussi qu'il ne fournissoit sa dite noblesse de plus ancien temps, le procureur du Roi a requis que le dit Amiot soit assis au profit du dit sieur.

### SAINT-GERMAIN-DE-LA-CHAMPAGNE.

8. Messire Guilbert le Sénéschal a été suffisamment atteint par sa confession, qu'en l'année derniere il étoit tenant à titre de ferme avec plusieurs autres ses personniers du trait de dixme que les religieux du Bec-Hélouin ont accoûtumé prendre en la dite parroisse ; à cause du quel trait les dits religieux ne sont sujets faire de service en l'église ; pour quoi le procureur du Roi a requis qu'il soit assis et taxé pour le passé.

9. Jean Dandel, S^r. de la Gérondiere, et

Jean Dandel, S.r de la Fontaine, ont baillé leur généalogie ou extraction de noblesse ancienne, par un arrêt de la Cour, donné au nom et profit de Guillaume Dandel, ayeul du dit S.r de la Fontaine et pere du dit S.r de la Gérondiere, l'an 1489, le 16.e jour de juin, duquel ils ont dit avoir fourni leur descente par autres lettres et écritures dont la copie est demeurée au greffe.

La damoiselle de la Gorgerie, vefve de Nicolas Dandel, a dit que son deffunt mari étoit noble personne, comme il apparoistra par l'arrêt produit par le dit S.r de la Fontaine, et, de plus, qu'elle s'entend tenir à sa viduité.

10. Maitre Hector et Guillaume, dits Baudouin, et la vefve de M.e Guillaume le Boulenger, leur sœur, se sont rapportés à Jean Baudouin, leur frère aîné, demeurant à Orbec, de fournir de l'estat de leur noblesse ; ce qu'il a fait, ainsi qu'il sera déclaré sur la parroisse du dit lieu d'Orbec, n°. 52.

11. Nicolas et Richard de Morainville, pour la justification de leur généalogie et noblesse ancienne, ont fourni d'une sentence définitive donnée en l'élection de Bernay, le 4.e jour de décembre 1482, au profit et entente de Pierre

de Morainville, leur pere. Le procureur du Roi a requis qu'ils vérifient leur descente, ou qu'autrement ils soyent assis.

11. La veuve Geffroi Auffray a été plusieurs fois appellée, et sur elle donné défaut. Le procureur du Roi a requis qu'elle fût assise.

### NÔTRE-DAME DE COURSON.

13. M^re. Jean Clairdonant et M^re. Jacques le Verd, prêtres, accusés de dérogeance, savoir : le dit Jean, pour marchandise de beufs et vaches, et le dit Jacques pour tenir héritages à ferme à moitié, ont été condamnés par défaut. Vû le rapport fait contre eux, le procureur du Roi a requis que les dits prêtres fussent assis.

14. Thomas de Neufville, S^r. de Courson, pour justification de sa généalogie et ancienne noblesse, a produit plusieurs lettres et écritures, par lesquelles il est apparu, que messire Raoul de Neufville, chevalier, premier nommé en la dite généalogie, étoit titré écuyer en décembre 1270. Le procureur du Roi a requis qu'il vérifie sa descente du dit Raoul, ou qu'il soit assis. V. le n°. 28.

15. Jean de Lyée, S^r. de Belleau et de Bigars,

pour lui et pour son oncle, Henri de Lyée, demeurant à Tonancourt, a baillé sa généalogie commençante à Robert de Lyée, écuyer, et damoiselle Marguerite, sa femme, vivants le 15 décembre 1345, et il a dit fournir descente, suivant les lettres par lui produites, dont la copie est demeurée au greffe.

16. Jean de Belleau, S<sup>r</sup>. du lieu et d'Ocainville, a fourni sa généalogie avec Pierre de Belleau, S<sup>r</sup>. de St.-Paul de Courtone, comme il sera déclaré sur la dite parroisse de Saint-Paul.

### ABERNON.

17. Damoiselle Françoise de Ruqueville, veuve de Jean le Roux, S<sup>r</sup>. du lieu d'Abernon, pour elle et comme tutrice de ses enfans, a montré un anoblissement concédé, en octobre 1522, à son dit deffunt mari, pour la somme de 500 liv., suivant la quittance de ce portée.

### FERVAQUES.

18. Jean de Hautemer, S<sup>r</sup>. du dit lieu de Fervaques, et Claude de Hautemer, écuyer, son frère, a baillé sa généalogie avec Jean de Hautemer, écuyer, S<sup>r</sup>. du Mesnil-Tison, pour

lui et ses frères ; et , pour justifier leur noblesse ancienne , se sont aidés de plusieurs lettres et écritures , commençantes au mois de juillet 1350 , sur le nom de messire Guillaume de Hautemer , chevalier, seigneur du Fournet, duquel ils ont dit fournir leur descente par les dites lettres et écritures , dont la copie est demeurée au greffe. V. le n°. 256.

## AUCAINVILLE.

19. François Cuillier a fourni sa généalogie avec le S<sup>r</sup>. de Chéfreville , n°. 61.

20. Pierre Auffrey, S<sup>r</sup>. de Caudemoine , et son cousin, Richard Auffrey , sieur de Tannay , ont baillé ensemble leur titre de noblesse, commençant à Raoul Aonfrey , anobli par le roi Charles en juillet 1454; duquel Raoul ils ont dit fournir leur descente par autres lettres et écritures dont la copie est demeurée au greffe. V. le n°. 33.

21. Jean de Bonnechose, S<sup>r</sup>. de Hieuville , a fait apparoir par acte des élus de Falaise du 30 octobre dernier , comme Jean de Bonnechose, son pere, avait baillé en la dite élection de Falaise son extraction de noblesse ; et il a déclaré ne vouloir autre chose bailler.

22. Philippin de la Mondie, S<sup>r</sup>. du Val-Combert pour lui, et pour Jacques, son frere, demeurant à Orbec, a baillé sa généalogie ; et parcequ'il n'a fourni que de son ayeul, et depuis 60 ans, et non de plus long-temps, le procureur du Roi a conclu, qu'ils doivent être assis. V. le n°. 56.

### FRIARDEL.

23. Jean Maillet, S<sup>r</sup>. de Douville, et Jacques, son frere, ont fourni un anoblissement concédé par le Roi, en octobre 1522, à deffunt Jean Maillet, leu pere, moyennant 500 liv., payées par les dits freres, joûte la quittance du 30 oc-tobre 1522.

### LA HALBOUDIERE.

24. Guillaume Thiesse, seigneur du dit lieu, pour justifier sa noblesse ancienne, a fourni d'une sentence, donnée, le 5 novembre 1471, par les commissaires des francs-fiefs et nouveaux acquêts au bailliage d'Évreux, au profit de Geffroi Thiesse, bisayeul du dit sieur de la Halboudière, par laquelle, après les informations sur ce faites, veues, et délibérées, il avait été trouvé noble, et extrait d'ancienne noblesse, et comme tel déchargé du payement et cotisa-tion

tion des dits francs fiefs, du quel Geffroi il a
a fourni sa descente par autres lettres et écritures dont la copie est demeurée au greffe. V.
le n°. 176.

## SAINT PIERRE DU TERTRE.

25. Nicolas de la Pérusse, S<sup>r</sup>. du lieu,
nommé en la fin de la copie du rôle de la dite
parroisse, est demeurant en la ville de Rouen.

26. Jean de Mailloc, S<sup>r</sup>. du lieu, pareillement dénommé au dit rôle, pour lui et ses
freres puisnés, a baillé sa généalogie et extraction de noblesse ancienne ; et, pour justifier icelle, a produit plusieurs lettres et écritures, commençantes à l'an 1432, sur le nom
de Jean de Mailloc, écuyer, par lesquelles il
a dit sa descente être suffisamment fournie, se
submettant fournir en plus outre, si besoin
est. V. le n°. 64.

27. Pierre Postel, S<sup>r</sup>. du Val, combien qu'il
n'eût été déclaré comme noble à la fin du dit
rôle, et qu'il fût assis et cotisé en icelui à 12
liv. 10 s., dont il étoit en procès avec les parroissiens de la dite parroisse, encore indécis
à la Cour de nos dits seigneurs les généraux,
a baillé une généalogie pour montrer sa no-

blesse ancienne, et a commencé à icelle justifier par lettres de 1479 sur le nom de Jean
Postel, son bisayeul; et, parcequ'en icelles il
n'étoit suffisamment fourni de noblesse ancienne, le procureur du Roi a conclu qu'il
fût pour l'advenir maintenu en son assise.

## LES LOGES.

28. Jacques de Neufville, S<sup>r</sup>. du lieu, pour
justifier sa noblesse ancienne, a fourni plusieurs
lettres et écritures dont la copie est demeurée
au greffe, commençantes sur le nom de mon-
sieur Raoul de Neufville, chevalier, vivant
en 1270, qu'il a dit être un de ses ancêtres.
Le tout veu par le procureur du Roi, il a requis qu'il vérifiât plus amplement sa dite descente, ou autrement qu'il fût assis. V. le n°. 14.

* 29. Eustache du Rouil, S<sup>r</sup>. du lieu et des
Rotailles, a pareillement baillé sa généalogie,
justifiée par lettres et écritures, commençante
à Arnoul du Rouil, vivant en 1267; et il a
dit fournir sa descente de père à fils à titre
de noblesse depuis Jean du Rouil, seigneur du
lieu, son bisayeul, marié à damoiselle Jeanne
de Boscheauville, jouxte le contenu en ses
lettres, dont la copie est demeurée au greffe.
V. le n°. 159.

## BIENFAITE.

30. Louis d'Orbec, S^r. du lieu d'Orbec et de Bienfaite, pour lui et ses frères, ont déclaré, par leur généalogie, être anciennement descendus de M. Guilbert d'Orbec, comte de Tresme, depuis lequel ils faisoient le 13^e. dégré; laquelle descente ils ont dit estre justifiée par les dites chartes, lettres et écritures, dont la copie est demeurée au greffe. V. le n°. 42.

## MOUTIERS-HUBERT.

31. Marie, veuve de Henri Georges, soi portant damoiselle, n'a rien fourni pour justifier sa noblesse, et s'est arrêtée à dire que le dit Georges étoit gentilhomme; pourquoi, vû son refus de montrer, le procureur du Roi a requis qu'elle soit assise.

## MESNIL-GERMAIN.

32. M^e. Guillaume Huart, prêtre, accusé de dérogeance, tant par sa confession que autrement, a été suffisamment atteint de marchander des bœufs et vaches, pour peupler un herbage qu'il a dit lui estre échu de la succession de son deffunt pere. Pourquoi le procureur du Roi a requis qu'il soit assis.

33. Richard Auffrey, S$^r$. de Tanney, a fourni de sa généalogie et noblesse avec le S$^r$. de Caudemoine, sur l'article de la parroisse d'Aucainville, n°. 20.

## CANAPEVILLE.

34. Messire Jean Corbel, prêtre, accusé de dérogeance, a été suffisamment atteint de tenir en cet an présent la ferme de la Chantrerie de Lisieux, fondée en dîmes, bois-taillis et rentes en deniers, par 6o liv.; et si a confessé l'avoir tenue aux années passées. Pourquoi le procureur du Roi a requis qu'il fût assis et taxé à somme portable.

35. Thibaud de Rupierre, S$^r$. du lieu, et Margarin, son frere, ont fourni plusieurs lettres et écritures, commençantes en l'an 1300, par lesquelles ils ont dit avoir suffisamment justifié leur généalogie, et leur descente, au 6$^e$. dégré, de M$^{re}$. Guillaume de Rupierre, ch$^{er}$., et damoiselle Perrette de Survie, sa femme.

36. En recevant la copie du rôle de la dite parroisse de Canapeville, nous avons enquis les collecteurs et parroissiens presents, lesquels ont dit et rapporté qu'en icelle parroisse

le révérendissime cardinal le Veneur, à cause
de sa baronie du dit lieu de Canapeville, a
droit de coutume et passage à nage, par 24
heures durant, au mois de mai de toutes marchandises passant et repassant par le dit lieu,
en la parroisse de Canapeville, durant les dites
24 h. seulement.

37. Pierre Hardi a fourni un extrait des registres de la cour de nos dits sieurs les généraux de l'an 1528, contenant que arrêt avoit
été donné à son entente, contre le procureur
général du Roi, sur le fait de sa noblesse, dont
il avoit prétendu jouir par le moyen de la
charte des francs-fiefs ; et il a fourni d'une sentence donnée précédemment en cette élection
à son profit, contre les parroissiens de Canapeville, sur le fait de sa dite noblesse, dont
la copie est demeurée au greffe.

BELLOUET.

38. Robert de Cintray, S$^r$. du lieu, a baillé
sa généalogie, commençante à Jean de Cintray, S$^r$. de Bellouet et de Friardel, et damoiselle Jeanne de Lisores, ses bisayeux, dont
il a fourni lettres de l'an 1431 ; et, pour en
fournir sa descente, il a produit lettres, comme

Robert de Cintray, fils du dit Jean, Gui de Cintray, et le dit Robert, et Guillaume et Pierre de Cintray, son frere ainé, ont succédé aux dites terres et sieuries, et en ont subsécutivement fait les foi et hommage au Roi. Ce néantmoins, le procureur du Roi a requis vérification être plus amplement faite par le dit S$^r$. de Bellouet, autrement qu'il soit assis.

## LIVAROT.

39. Philippes de la Haye, S$^r$. de la Pipardiere, a presenté par Guillaume, son fils, une généalogie, commençante à Gilles de la Haye, vivant en 1402, fils de Jean et de damoiselle Jeanne du Parc, et a dit en fournir la descente de pere à fils jusqu'à lui faisant le 6$^e$. dégré, usant du dit titre de noblesse.

## LISORES.

Prêtres dérogeans, nuls.

40. Jean Regnault, S$^r$. du dit lieu de Lisores, tant pour lui, que pour sa sœur, veuve de Richard de Valleroi, a baillé sa généalogie, commençante à Jean Regnault, S$^r$. de Saint-Ouen-le-Hoult, vivant en l'an 1341, qu'il

a dit être l'un de ses ancêtres. Et il a dit , que par autres écritures dont la copie est demeurée au greffe, il justifioit sa descente depuis Guillemin Regnault, son bisayeul, qui vivoit en 1453 , et étoit propriétaire des terres et sieuries du dit lieu de Lisores , la Mote , et le Val des Logues.

### ORVILLE.

41. Damoiselle Anne le Coutelier , vefve de Jean le Gras , S". du dit lieu d'Orville , est demeurante en l'élection de Bernay. Et n'a été poursuivi Jean le Gras son fils , pourcequ'il est soubs-age.

* 42. S'est présenté Michel d'Orbec , pour lui et Florent son fils , demeurants en la dite parroisse , assis et cotisés au rôle d'icelle à la somme de 16 livres , dont ils ont dit être encore en procès en la cour des généraux , et que les collecteurs et parroissiens ne les avoient pas voulu nommer comme nobles à la fin de la copie de leur rôle : et ils ont présenté une généalogie commençante à Jean d'Orbec, qu'ils ont dit être leur bisayeul, qui vivoit en 1450 , et se titroit sieur de la Gasse , selon qu'il est porté par les lettres par eux montrées. Mais parcequ'ils n'ont suffisamment fourni du dit tiltre de noblesse , et de leur descente , le pro-

cureur du Roi a requis, qu'ils soyent continués en leur assiette à somme à eux portable.

### AVERNES.

43. Guillaume de Franqueville , S$^r$. du lieu , et M$^e$. Guillaume son frère , ont baillé une généalogie , commençante à messire Raoul de Franqueville , ch$^{er}$. , S$^r$. de Coullarville sur Briosne , dont étoient descendus Jean et Jean de Franqueville , comme il a été montré par les lots faits entr'eux le 19 avril 1404. Mais parceque leur descente n'étoit suffisamment fournie , le procureur du Roi a requis qu'ils soient contraints de la vérifier , et qu'à leur refus de ce faire ils soyent assis. V. le n°. 101.

### TORDOUET.

Dérogeans nuls.

44. Olivier de Saint-Ouen , S$^r$. du lieu , pour justifier sa noblesse , a produit plusieurs lettres et écritures , par lesquelles il a dit justifier , qu'il étoit descendu au 7$^e$. ou 8$^e$ degré de M$^{re}$. Gaston de Saint-Ouen ; ch$^{er}$. vivant en 1265.

### TIÉGEVILLE.

45. François de Pantou , S$^r$. de Folleval ;

pour lui, et Henri et Philippes, ses frères, a baillé sa généalogie, commençante à Jean de Pantou, Sgr. de Beurouville, pere de Huet, Louis, et André, ainsi qu'il l'a montré par les lots et partages entr'eux du 30 juin 1460, et par autres lettres, où les dits freres sont nommés avec le titre d'escuyer. Et il a dit fournir sa descente depuis le dit Huet, son bisayeul, sauf le dégré de Guillaume de Pantou, son pere. Le procureur du Roi a requis qu'il vérifiât sa descente du dit Guillaume, afin de plus légitimer sa dite noblesse, ou, à son refus, qu'il soit assis. V. le n°. 168.

### SAINT-MARC-DES-FRESNES.

46. Guillaume Thibout, Sr. de Coullerville, a fourni un anoblissement concédé par le Roi, en 1475, moyennant la somme de 30 liv., à Lucas Thibout, l'un de ses ancêtres. Le procureur du Roi a requis qu'il prouvât sa descente du dit Lucas, ou qu'autrement il fût assis.

47. Richard Chanu a produit un *vidisse* fait au mois d'aout dernier, devant tabellions, d'un arrêt de la cour de nos dits Sgrs. les généraux, donné le 28 aout 1480, au profit de Jean

Chanu, son ayeul, lequel avoit été anobli au moyen de la charte des francs-fiefs, comme on le voit dans le dit arrêt. Le procureur du Roi a requis qu'il vérifie sa descente du dit Jean Chanu, autrement qu'il soit assis.

## BELLOU.

48. Denis Michel, S$^r$. du dit lieu de Bellou, s'est aidé d'un arrêt de la Cour donné à son entente, et rapporté à l'article de Jacques Malherbe, sur la parroisse de N. D. d'Orbec, n°. 53.

## CERQUEUX.

49. Jacques de la Lande a produit plusieurs lettres, contrats de mariage et autres écritures, qui prouvent que lui et Julien, son frere, sont issus au 6$^e$. dégré de Jean de la Lande, vivant en 1381 et tenant propriétairement le dit fief de la Lande. V. le n°. 121.

## LA CRESSONNIERE.

50. Thomas le Sec, S$^r$. du Lieu, pour justification de sa noblesse, a dit que, par les lettres qu'il avoit produites, desquelles la copie est demeurée au greffe, il fournissoit sa des-

cente au 5ᵉ. dégré de Robert le Sec, son trisayeul, qui, en 1436, possedoit la terre et
sieurie de la Cressonniere, et qui épousa damoiselle Marie d'Orbec.

## SAINT-MARTIN DU VAL D'ORBEC.

51. Henri le Monnier, pour lui, et Marguerite sa sœur, veuve de feu René Toutfaut, a
baillé sa généalogie et extraction de noblesse
ancienne, à commencer à Robin le Monnier,
son bisayeul, Sʳ. du Mont, vivant en 1457,
dont il a dit fournir sa descente par plusieurs
lettres et écritures dont la copie est demeurée
au greffe. Ce néantmoins, pour ce qu'il n'a pas
fourni sa dite noblesse de plus ancien temps,
le procureur du Roi a requis, qu'il soit assis.

## NOTRE-DAME D'ORBEC.

52. Jean Baudouin, pour lui; Mᵉ. Jacques
Baudouin, vicomte d'Orbec; Nicolas Baudouin
son fils; et maistre Hector et Guillaume, ses
frères; la veuve de Mᵉ. Guillaume le Boulenger,
sa sœur, ont fourni un anoblissement, concédé
par le roi Louis, le      septembre 1475, à
Jean Baudouin l'ainé, leur ayeul, dont la copie
est demeurée au greffe. Le procureur du Roi a

requis, qu'ils vérifiassent leur descente, ou qu'ils fussent assis. V. le n°. 10.

53. Jaques Malherbe, et Denis Michel, S$^r$. de Bellou, pour justifier leur noblesse ancienne, ont produit un arrêt dont la copie est demeurée au greffe : le dit arrêt donné en la cour de nosseigneurs les généraux, le 3 décembre 1519, contre les asséeurs du dit Orbec, à l'entente des dits Malherbe, et Michel, et de deffunt Pierre Grieu, pour l'estat de leur noblesse ; savoir le dit Grieu, comme issu de Gilles Grieu, son ayeul, anobli par charte de l'an 1467 ; le dit Malherbe comme procréé de noblesse ancienne ; et le dit Michel comme fils de Guillaume Michel, anobli au moyen des francs-fiefs en quoi il avoit été taxé et assis. V. les n$^{os}$. 48, 29, 299.

54. Cyprien de Montreuil a dit être noble de toute ancienneté, dont il a baillé généalogie, et produit plusieurs pièces et écritures ; et pour ce qu'elles ne sont suffisantes pour la justification d'icelle généalogie, il a obtenu lettres royaux en forme de commission à nous adressée, pour être reçu à justifier sa dite noblesse par témoins ; suivant lesquelles il a été permis faire venir témoins ; et sur ce est encore en procès vers le procureur du Roi.

55. M$^e$. Jaques le Certavier, lieutenant particulier en la vicomté d'Orbec de M$^r$. le bailli d'Evreux, a déclaré ne vouloir user d'aucun privilege d'exemption et de noblesse : au moyen de quoi le procureur du Roi a requis, qu'il soit assis au profit du Roi, si assis n'avoit été aux années passées.

56. Jacques de la Mondie a été appelé sur l'article de la parroisse d'Aucainville, avec son frère, Philippin, sieur du Val-Combert, n°. 22.

57. Nicolas Michel, Verdier d'Orbec, a été plusieurs fois convenu pour déclarer les causes de son éxemption : sur quoi il a répondu, qu'il n'entend jouir d'aucun privilège d'éxemption, et que depuis longtemps il étoit assis en la ville d'Evreux, dont il étoit prêt de faire apparoir ; pour quoi à son refus de ce faire, le procureur du Roi a requis icelui Michel être assis.

TONANCOURT.

58. Eustache de Lyée a été plusieurs fois appelé et mis en défaut vers le procureur du Roi, qui a requis le dit de Lyée estre assis. V. n°. 15.

Maistre Henri de Lyée a fourni sur l'article

de la parroisse de Nôtre Dame de Courson, avec Jean de Lyée, n°. 15.

59. Geofroi le Sens, bien que les parroissiens ne l'eussent dénommé à la fin de leur rôle comme noble, et qu'il y fût assis à la somme de 15 liv., s'est présenté et a dit être procréé et descendu de noblesse ancienne, suivant une généalogie qu'il bailloit, commençante à Pierre le Sens, son bisayeul : mais pourceque par icelle son titre de noblesse n'est suffisamment justifié, le procureur du Roi a requis qu'il soit maintenu en son assise.

## CHEFFREVILLE.

60. M^re. Gui Mignot, accusé de dérogeance, en a été suffisamment atteint, ayant confessé tenir à ferme pour 20 liv. un trait de dîme que les religieux du Bec-Helouin prennent en la dite parroisse, pour lequel il n'étoit sujet à célébrer aucun divin service. Au moyen de quoi le procureur du Roi a requis qu'il soit assis au profit du dit sieur.

61. Jean Cuillier, S^r. du dit lieu de Chefreville, et François Cuillier, S^r. de Loctrie, pour justifier leur noblesse, ont entr'autres choses fourni une sentence des commissaires

des francs-fiefs du 12 octobre 1471, par la
quelle fût déchargé du payement et cotisation
des dits francs-fiefs, comme personne noble,
Jean Cuillier, leur ayeul, du quel ils ont fourni
leur descente par lettres et écritures dont copie
est demeurée au greffe. V. les n°s. 19 et 355.

62. Jean Blanchet, S<sup>r</sup>. de la Mote, a été plusieurs fois approché pour déclarer les causes de
son éxemption ; et n'ayant point comparu, il
a été représenté comme défaillant vers le procureur du Roi, qui a requis qu'il fût assis au
profit du Roi.

### SAINT-DENIS DU VAL D'ORBEC.

63. Charles et Pierre, dits de Mailloc, dénommés nobles, ont déclaré s'aider, pour leur
généalogie, des lettres et écritures, que le sieur
de Mailloc, leur frère aîné, a fournies sur l'article et parroisse de Saint Pierre du Tertre,
n°. 26.

## VICOMTÉ D'ORBEC.

### SERGENTERIE DE MOYAUX.

### PAROISSE DU BREUIL.

64. Guillaume de Bouquetot, S<sup>r</sup>. du lieu ;
François, S<sup>r</sup>. de Rabu, et Guillaume, S<sup>r</sup>. de

Caucainvilliers , ont baillé ensemble leur généalogie et extraction de noblesse , commençante à M$^{re}$. Guillaume de Bouquetot , chevalier, vivant en 1441 , le vendredi     la Saint-
Martin d'été , duquel ils ont fourni leur descente de pere à fils , par plusieurs dégrés de
consanguinité , selon qu'il appert par leur généalogie , et lettres par eux produites , dont la
copie est demeurée au greffe. V. les n$^{os}$. 258 ,
272.

### FONTAINE LA LOUVET.

65. Guillaume Flambard et damoiselle Françoise , veuve d'Eustache Flambard , ont fourni
leur état de noblesse avec le S$^r$. de Villers en
Ouche , comme on le voit sur l'art. et parroisse
du dit lieu de Villers , en la sergenterie du
Sap , n°. 182.

### CORDEBUGLE.

66. Saturnin le Roi , et ses cousins frereux ,
Jean et Guillaume , freres , pour justifier leur
noblesse , ont entr'autres choses produit une
sentence des lieutenans des Elûs de Lisieux ,
du 3 juin 1481 , par laquelle Jean le Roi , S$^r$.
des fiefs de Gaugey et de Cordebugle , leur
bisayeul , fût déclaré noble : mais n'ayant pas
suffisamment fourni leur descente du dit Jean ,

le

le procureur du Roi a requis qu'ils la vérifiassent, ou qu'ils fussent assis au profit du dit
sieur.

67. Nicolas de Gallet, S<sup>r</sup>. des Fontaines au
diocèse de Sèes, comme il disoit, a baillé pour
toute chose une généalogie en papier de lui signée, laquelle il s'est submis vérifier quand
mestier sera; combien qu'il a dit être un des four-
riers du Roi, et à ce droit éxempt de toutes
subsides. Ce néantmoins, pourcequ'il n'en ap-
paroît, et aussi que la dite généalogie n'estoit
justifiée, le procureur du Roi a requis qu'il
soit assis.

LE PIN.

68. Charles d'Anisy, S<sup>r</sup>. du lieu, pour la
justification de sa noblesse ancienne, a produit plusieurs lettres et écritures, la 1<sup>re</sup>. desquelles datée de l'an 1315, est sur le nom de
M<sup>re</sup>. Torcer d'Anisy, ch<sup>er</sup>., et de dame Pero-
nelle ou Perrette de Malemains, desquels il a
dit fournir sa descente en titre de noblesse jusqu'à lui, faisant le 6<sup>e</sup>. dégré.

69. Marin le Mire, S<sup>r</sup>. de la Pinterie, a
fourni avec le S<sup>r</sup>. du Buquet en la parroisse de
St.-Philbert des Champs, n°. 118.

## SAINT-MARTIN D'OUILLIE.

70. René de Maintenon, S<sup>r</sup>. et baron du dit lieu d'Ouillie, pour justifier sa noblesse ancienne, a produit plusieurs lettres et écritures, la 1<sup>re</sup>. desquelles est une grande lettre en parchemin en forme de rôle ; commençant le lundi 24 juin 1409, sous le nom de Etienne Loresse, escuyer de l'écurie du Roi, duquel il a dit fournir être descendu par plusieurs lettres et écritures. Et si a fourni comme la différence du nom de Loresse à celui de Maintenon venoit de ce que M<sup>e</sup>. Jean Costereau, thésorier de France, possesseur de leur chastellenie de Maintenon, qui avoit appartenu aux prédécesseurs du dit Baron, avoit voulu usurper les nom et armes du dit Maintenon; à laquelle usurpation s'étoit opposé le dit Baron, jouxte que contient l'acte de la dite opposition.

71. Robert Laisné, dénommé éxempt à la fin du dit rôle, a dit être issu de noble lignée, mais n'en pouvoir à present fournir, parcequ'il est issu du pays du Costentin, où il ne pouvoit faire diligence. Toutesfois, sans préjudice de sa dite noblesse pour l'avenir,

il s'est, quant à present, arrêté à dire qu'il est de l'ordonnance du Roi sous la charge de Mg$^r$. d'Orléans, dont lui a été chargé faire apparoir ; et pourcequ'il ne l'a fait dans le temps à lui pour ce donné, le procureur du Roi a requis qu'il soit assis.

### MESNIL-GUILLAUME.

72. Nicolas de Saint-Florentin, pour lui et ses freres, Henri et Philippes, a baillé sa généalogie et extraction de noblesse ancienne avec la copie de plusieurs écritures, sur le nom de ses pere et ayeul, et s'est néantmoins submis vérifier par témoins sa dite généalogie. Ainsi requis par le procureur du Roi, ou autrement qu'il soit assis. V. l'art. 102.

### SAINT-HYPPOLITE DE CANTELOU.

73. Guillaume de Bailleul, S$^r$. du lieu, pour justifier sa noblesse, a produit plusieurs lettres et écritures, commençant sur le nom de Guillaume de Bailleul, qui jouissoit de la terre de Bailleul en 1528, duquel il a dit fournir sa descente par dégrés de consanguinité et titres de noblesse.

### SAINT-GERVAIS D'ASNIERES.

74. Guillaume de Livet, S$^r$. de la Cour d'As-

nieres, et Jean, son fils; Jean de Livet, S$^r$. de la Poterie, cousin frereux du dit Guillaume, et Richard, son fils, ont déclaré être nobles d'ancienneté, et ont produit plusieurs lettres et écritures dont la copie est demeurée au greffe, la 1$^{re}$. desquelles est sur le nom de Jean de Livet, en 1388, qui bailla aveu de la terre de Bonneville, et duquel ils ont dit fournir leur descente, jouxte le contenu aux dites lettres. Voy. les art. 143, 149, 373.

### FUMICHON.

75. Geoffroi de Long-Champ, S$^r$. du lieu, pour justifier sa noblesse ancienne, a produit plusieurs lettres et écritures, la 1$^{re}$. desquelles, de l'an 1378, est sur le nom de M$^{re}$. Pierre de Long-Champ, ch$^{er}$.; et il a dit que par les autres il fournissoit sa descente en ce titre et dégré de noblesse depuis Louis de Long-Champ, son bisayeul, marié à damoiselle Agnès de la Bouete.

### SAINTE-CROIX DE CORMEILLES.

76. Jean de Bellemare a baillé l'état de sa noblesse avec Jacques de Bellemare, S$^r$. de Brévedent, comme il apparoîtra sur l'article du dit lieu de Brévedent, n°. 89.

77. Sébastien Hauvel a produit l'anoblissement concédé le 16 février 1477 , à Guillaume
Hauvel, son ayeul, pour 15 liv. par lui payées
selon la quittance. Le procureur du Roi a requis qu'il vérifie en estre descendu, ou qu'il
soit assis.

78. Jean Daniel a dit être noble d'ancienneté, et que ses prédécesseurs étoient du pays
d'Artois ; et il a produit lettres de l'an 1480
sur le nom de Louis Daniel, son père : et pour
ce qu'il n'a plus amplement fourni, le procureur du Roi a requis qu'il soit assis.

79. Jacques Nollent a baillé l'état de sa noblesse avec autres de ce nom de Nollent, comme
on le verra sur l'article et parroisse de Brévedent, n°. 91.

HERMIVAL.

80. Antoine d'Escaille, Sr. de la Mote, a dit
estre noble d'ancienneté ; et pour le justifier, il
s'est aidé d'une information faite, en avril 1461,
par les élûs de Lisieux, à l'instance de Jean
d'Escaille, son ayeul, qui avait épousé une fille
de Sandrin Siméon baron de Ros près Caen,

du quel Jean il a fourni sa descente. Mais, parceque, sur la dite information, ne s'étoit ensuivi sentence au profit du dit d'Escaille, et seulement un appointement entre lui et les procureurs du Mesnil-Simeon, en l'absence du procureur du Roi, et sans l'y avoir appelé; et encore que le dit appointement, porté devant tabellions en l'an 1470, étoit conditionnel, le procureur du Roi a requis, qu'il soit assis, comme n'ayant pas suffisamment fourni le titre de sa noblesse.

81. Richard de l'Ame a produit un acte des élûs de Caen du 19 octobre 1540, comme il avoit fourni de sa noblesse avec ses freres, en la dite élection de Caen.

82. Jean Paoul a baillé sa généalogie, disant être descendu de Jean Paoul son bisayeul, S$^r$. de Soignolles en la vicomté de St.-Silvin; mais il n'a fourni sa descente que de Pierre Paoul, son père, qui en avril 1514, épousa Charlotte Comme, fille du sieur de Forge; et combien qu'il ait fourni autres lettres sur le nom de Jean et Pierre Paoul, qu'il a dit être ses prédécesseurs. Le procureur du Roi a requis, qu'il soit assis, comme n'ayant deuement justifié sa noblesse.

## LE FAULCQ.

83. Martin de Brevedent , S$^r$. du Faulcq , pour justifier sa noblesse , a produit plusieurs lettres et écritures , dont la copie est demeurée au greffe ; par lesquelles il a dit fournir sa descente en tiltre de noblesse , jusqu'à lui-même faisant le 5$^e$. dégré , depuis Roger de Brévedent vivant en 1325 , lequel était Seig$^r$. du Faulcq suivant plusieurs des dites lettres , et depuis fût chevalier, comme on le voit par une lettre de l'an 1369. V. le n°. 90.

## SAINT-JEAN-DE-LIVET.

* 84. Etienne l'Abbé , S$^r$. dudit lieu de Saint-Jean-de-Livet ; Jean l'Abbé , S$^r$. de Héroussart; et Jacques l'Abbé , sieur de Beaufy , ont dit estre procréés et issus de noblesse ancienne , et que Etienne l'Abbé était leur bisayeul , personne noble , marié à damoiselle Marguerite de Buhot , vivants en l'année 1430 , duquel ils ont fourni estre procréés et descendus de père à fils , selon les lettres par eux produites , dont la copie est demeurée au greffe. Voyez les art. et n$^{os}$. 125 , 238 , 251.

Claude et Grégoire , dits l'Abbé , frères ,

sieurs du Bosc, enfans du deffunct Richard
l'Abbé , S<sup>r</sup>. du Fay ; Ives l'Abbé ; et Nicolas
Abbé, ont dit, qu'ils sont descendus de même
souche et ligne que les susdits Jean , Etienne,
et Jacques, dits l'Abbé ; et , pour le montrer ,
ils ont fourni d'une sentence donnée devant
les Elûs , datée du 24<sup>e</sup>. jour de novembre
1469 , et d'un arrest donné en la Cour de nos
dits sieurs les Généraux à Rouen , donné sur
le nom de Nicolas l'Abbé , daté du 27 septembre 1470 ; par lequel arrest le dit Nicolas
fût déclaré noble. Le procureur du Roi a requis vérification estre faite , qu'ils en soyent
descendus , autrement qu'ils soyent assis.

### SAINT-MARTIN-DE-LA-LIEUE.

85. Henri Filleul , S<sup>r</sup>. du lieu, a produit un
anoblissement à lui donné en mars 1522 ,
moyennant 400 livres par lui payées joûte la
quittance , dont du tout copie est demeurée
au greffe. V. le n°. 129.

### NOTRE-DAME-DE-VILLERS.

86. Marc de Gouvis , S<sup>r</sup>. de Grasmesnil ,
pour justifier sa noblesse ancienne , a produit
plusieurs lettres et écritures justificatives de sa

descente et extraction de noblesse , commençant à Messire Gilles de Gouvis, ch^er., et dame
Angélique, sa femme , desquels sortirent Guillaume et Jean de Gouvis, frères, vivants en
avril 1393, et continuant jusqu'au dit Marc ,
faisant le 5^e. dégré.

87. Silvin de Fatouville, S^r. de la Quaize, a dit
estre procréé de noblesse ancïenne, et que son
bisayeul étoit Robert de Fatouville , vivant en
1454, et possesseur du fief du Bosc de la Rue,
assis à Aucainville , suivant un aveu à lui baillé
par Guillaume de Salles l'un des hommes du
dit fieu. Mais, parce qu'il n'a suffisamment
fourni , ni de sa descente, ni même de sa noblesse par autres tiltres , le procureur du Roi
a requis qu'il soit assis.

88. Guillaume Bottey, damoïselle Guillemete
Bertelot, sa mère, et damoiselle Gillette Bottey , ont baillé avec Nicolas Bottey , leur aîné,
en cette ville de Lisieux, n°. 131.

### BRÉVEDENT.

89. Jacques de Bellemare , S^r. dudit lieu de
Brévedent et de la Morsangliere , et Jean de
Bellemare, S^r. de la Pelletiere , son cousin ,

ont baillé leur généalogie et état de noblesse , commençant à Robert de Bellemare , vivant en 1395 , qu'ils ont dit estre leur bisayeul. Le procureur du Roi a requis qu'ils vérifient leur descente, autrement qu'ils soyent assis. V. le n°. 76.

90. François Brévedent , étant décédé depuis son approchement , il n'a été plus avant procédé sur le fait de sa noblesse. Il étoit dénommé comme noble à la fin du rôle de la dite parroisse de Brévedent.

91. Jacques de Nollent , sousage , pour justifier sa noblesse ancienne , a fourni par Jean le Mas , son gardain , plusieurs lettres et chartes sur le nom de ses prédécesseurs avec le titre d'écuyer , dont la copie est demeurée au greffe ; par lesquelles il a dit fournir sa descente de père à fils , depuis Richard de Nollent , son trisayeul , mentionné en la première des dites lettres , datée de l'an 1406. V. l'art. 79.

### MAROLLES.

92. Jean Osmond, S$^r$. de Malicorne , a fourni l'état de sa noblesse avec Thomas Osmond , S$^r$. de Beufvilliers , comme il sera déclaré sur l'article et parroisse de Beufvilliers , n°. 126.

MOYAUX.

93. Antoine de Clercy a produit un acte des Elûs de Monstiervilliers , du 30 septembre dernier , comme M^{re}. Jacques de Clercy , son père , avoit fourni devant eux l'état de sa noblesse.

94. Jean Auvray , S^{r}. de Bonnechose , a produit un acte des Elûs de Monstiervilliers , du 5 décembre dernier , comme lui , et Robert Auvray , S^{r}. du Bois-Simon , avoient baillé leur généalogie devant les dits Elûs.

95. Jean Mansel , pour instruction de sa généalogie et noblesse ancienne , a produit une attestation de l'abbé de Conches , du 16 avril 1483 , non signée , mais avec apparence de sceau , comme M^{re}. Richard Mansel , chevalier, qu'il a dit être un de ses predécesseurs , avoit aumôné la moitié de son fief de Bailleul à la dite abbaye. Il a aussi fourni des lettres de l'an 1439 sur le nom de Jean Mansel , son bisayeul , du quel il a fourni sa descente par autres lettres et écritures dont la copie est demeurée au greffe.

Le dit Jean Mansel a néantmoins été de rechef approché , et lui a été remonstré , que par arrêt de la cour de nosseigneurs les généraux

de l'an 1520 , il avoit été débouté de son privilege de noblesse ancienne , et condamné à payer
son assise , sauf à lui à s'aider de la charte des
francs-fiefs : sur quoi il a dit, que depuis le dit
arrest il avoit eû vuide contre les parroissiens,
du dit lieu de Moyaux , pour le fait des dits
francs - fiefs : mais pource qu'il n'a suffisamment fourni de la dite vuide , et aussi qu'il a été
suffisamment atteint de dérogeance , comme
tenant à ferme , pour 3 ans commençants en
1539 , les rentes en deniers, grains , œufs , oi-
seaux , et le droit de moulte verte , apparte-
nantes au Sr. du Puy , à cause du fief du Bosc
de Moyaux, pour 10 liv. par chacun an , jouxte
le bail du 25 juillet 1539 , le procureur du Roi
a requis qu'il soit assis.

Thomas Mansel , fils du dit Jean , est décédé
depuis son approchement.

Charles Mansel , Sr. des Chemins , pour justification de sa noblesse fondée , sur la charte
des francs-fiefs , a fourni d'un arrêt de la cour
de nos dits seigneurs les généraux , donné à
son entente le 13 août 1521.

PIENCOURT.

96. René de Baudry , pour justifier sa noblesse ancienne , a produit plusieurs lettres et

écritures commençant à Durand de Baudry, vivant en 1374, dont il a dit fournir sa descente jusqu'à lui faisant le sixiesme dégré.

97. Louis de Bigards, pour justifier sa noblesse, a produit une lettre de lots, faits le 18 janvier 1413, entre Jean et Jean, dits de Bigards, freres, par Jean, S<sup>r</sup>. de Piencourt, leur père; duquel Jean il dit fournir sa descente par plusieurs autres lettres et écritures. V. le n°. 100.

98. Thomas le Gentil, et Jean, son frere, demeurant à Hotot en Auge, pour justifier qu'ils estoient descendus et procréés de noblesse ancienne, ont produit plusieurs lettres et écritures, dont la 1<sup>re</sup>. datée du 12 mars 1424, est sur le nom de Colin le Gentil, leur ayeul. Après les avoir veues, le procureur du Roi a requis qu'ils vérifiassent plus amplement, ou autrement qu'ils fûssent assis. V. le n°. 250.

99. Constant le Portier, S<sup>r</sup>. du Chesne, pour justifier sa noblese ancienne, a fourni plusieurs lettres et écritures, par lesquelles il disoit estre justifiée sa descente de Jacques le Portier son bisayeul, qui, en 1434, épousa damoiselle Isabeau Borel.

100. Constant de Bigards et Laurent, son

frere , S<sup>rs</sup>. de la Pardomeliere , ont produit plusieurs lettres et écritures , par lesquelles ils disoient justifier leur descente de Jean de Bigards , S<sup>r</sup>. de Piencourt , mentionné en la 1<sup>re</sup>. des dites lettres de l'an 1413. V. le n°. 97.

### GLOS-SUR-LISIEUX.

101. Jean , Martin et Jacques , dits de Franqueville , ont dit être procréés d'ancienne noblesse , selon la généalogie par eux baillée ; pour laquelle justifier , ils ont produit plusieurs lettres et écritures , par la 1<sup>re</sup>. desquelles, du 21 avril 1447 , M<sup>re</sup>. Raoul de Franqueville, ch<sup>er</sup>. , qu'ils ont dit être leur prédécesseur , traite le mariage de Jeanne , sa fille , avec Thomas d'Asnieres , éc<sup>r</sup>. Le procureur du Roi , après avoir tout veu , a requis vérification être faite seulement de leur descente , et à leur refus , qu'ils soient assis. V. le n°. 43.

102. Henri et Philibert de Saint-Florentin se sont aidés de semblable généalogie que Nicolas , leur frere ainé , en la parroisse du Mesnil-Guillaume ; et , pourceque le dit Nicolas n'a icelle justifiée , le procureur du Roi a requis que les dits freres soyent assis. V. le n°. 72.

103. Guillaume de Bonnechose , S<sup>r</sup>. de Pon-

tolain, pour justification de sa généalogie, s'est aidé d'une sent. des comm.<sup>ros</sup>. des francs-fiefs, de l'an 1471, qui déclare quittes et absous du payement et cotisation des dits francs-fiefs Jean et Jean de Bonnechose, freres, desquels il a dit fournir sa descente.

104. François le Febvre a dit être issu de noblesse ancienne, jouxte la généalogie par lui baillée. Mais n'ayant pas icelle suffisamment justifiée, le procureur du Roi a conclu qu'il soit assis.

### FIRFOL.

105. François du Bosch, S<sup>r</sup>. de Hermival, pour justifier sa noblesse ancienne, s'est aidé d'un arrêt de la cour de nos sieurs les généraux, donné le 18 décembre 1520, à son profit et de la damoiselle sa mère.

### FONTENELLES.

106. M<sup>e</sup>. Pierre Montfaut, président au Parlement.... et Nicolas, S<sup>r</sup>. de la Pavence, demeurants à Rouen, sont dénommés à la fin du rôle.

### FAUGUERNON.

107. Marie de Serisay, dame de Fauguernon,

veuve de M^re. Gaston de Brézé, ch^er., S^r. de Plasnes, Plainbosc et Auvrecher, a baillé, pour elle et ses enfans sous-age, issus du dit Gaston, une généalogie signée d'elle, pour justification de laquelle elle a produit plusieurs commissions et lettres missives adressées par le Roi à son dit deffunt mari, dont du tout la copie est demeurée au greffe. Et a la dite dame déclaré que les lettres, chartes et écritures concernant leur noblesse étoient demeurées aux mains de deffunt M^re. Louis de Brézé, chevalier de l'ordre, grand sénéchal et gouverneur de Normandie, frere aîné de son mari, et qu'elle ne pourroit à présent les recouvrer.

108. Nicolas Parey, S^r. de Combray, et ses freres puisnés, M^e. Antoine, Abel et Jean, dits Parey, demeurants en la parroisse de Noroles, ont dit être nobles par la charte des francs-fiefs ; et, pour le justifier, ont produit un arrest, donné en la cour de nos sieurs les généraux, en 1521, au nom de Guillaume Parey, leur père. V. le n°. 116.

109. Jaques de Gouvis a dit être sorti de la maison de Gouvis, noble de toute ancienneté ; qu'il étoit fils naturel de Jean de Gouvis, en son vivant S^r. du lieu ; qu'il avoit obtenu
du

du Roi lettres de légitimation , en mars 1531 ,
moyennant 300 écus par lui payés , joûte la
quittance. Le procureur du Roi ayant veu les
dites lettres , et que par icelles il n'estoit pas
permis au dit Jaques de jouir du privilege de
noblesse, a requis qu'il fût assis comme con-
tribuable. V. les n°s. 86 , 114.

### BLANGY.

\* 110. Constantin des Hayes , S<sup>r</sup>. et baron
de Blangy , et Gaston , son fils aîné , pour
justifier leur noblesse ancienne , ont produit
plusieurs lettres et écritures dont la copie est
demeurée au greffe , qu'ils ont dit justifier leur
descente de Geofroi des Hayes , vivant en 1451 ,
bisayeul du dit Constantin.

111. Pasquet Neel a baillé l'état de sa noblesse avec Richard Néel , son frere , sur l'article et parroisse d'Escorcheville , n°. 119.

112. Guillaume le Portier a dit être noble
de toute ancienneté , et que néantmoins il étoit
un des 4 papetiers de l'Université de Caen ,
privilégiés et éxempts de toutes tailles , aides
et subsides ; et pour le justifier , il a produit
plusieurs lettres et écritures. Le procureur du

Roi les ayant vues, n'a voulu, quant à présent, l'empescher de jouir des priviléges dont
ont accoutumé jouir les dits papetiers ; mais,
parce qu'il n'a suffisamment fourni l'état de
sa noblesse, il a requis qu'il soit débouté du
privilege de noblesse, avec deffense de s'intituler escuyer à l'avenir.

## NOROLES.

113. Philippes Paysant, S^r. de Boutemont,
a fourni l'anoblissement à lui concédé par le
Roi en octobre 1522, moyennant 500 liv. par
lui payées, jouxte la quittance du dit an.

114. Jean de Gouvis, soubs-age, S^r. de Ma-
lou, n'a été aucunement approché, parcequ'il
n'est résident en la parroisse de Noroles.

115. Pierre Halley, S^r. du fief de Tourville,
pour justifier sa noblesse, fondée sur la charte
des francs-fiefs, a produit plusieurs lettres et
écritures ; et pourceque par icelles sa dite noblesse n'étoit suffisamment justifiée, et aussi
qu'il est apparu par la copie du rôle de la
dite parroisse qu'il y est assis avec les autres
contribuables, le procureur du Roi a requis
qu'il y soit maintenu, avec défense de s'intituler et nommer noble personne.

116. M⁰. Antoine, Abel et Jean, dits Parey, ont produit avec le Sʳ. de Combray, leur frere aîné, sur la parroisse de Fauguernon, n°. 108.

## SAINT-PHILBERT-DES-CHAMPS.

117. Jean le Muet, Sʳ. d'Anguerville, et Jean, Sʳ. de Forges, demeurants en la dite parroisse, ont produit, pour justifier leur noblesse, plusieurs piéces et écritures dont la copie est demeurée au greffe ; desquelles la 1ʳᵉ., datée du 24 mai 1429, est sur le nom de Jean le Muet, duquel ils ont dit leur descente estre fournie par les dites lettres.

118. Jean le Mire, Sʳ. du Buquet, et Martin, Sʳ. de la Pinterie, son neveu, ont dit être nobles de toute ancienneté, et, pour le justifier, ils ont produit un arrest de nos dits Sʳˢ. les généraux, donné le    avril 1483 au profit de Richard le Mire, pere du dit Jean et ayeul du dit Martin, sur le fait de sa noblesse ; duquel Richard ils ont dit fournir leur descente. V. le n°. 69.

## ESCORCHEVILLE.

119. Richard et Pasquet, dits Néel, freres ;

Jacques et Jacques Neel, pere et fils, pour justifier leur noblesse ancienne et leur généa-
logie, commençante à M<sup>re</sup>. Odard Neel, ch<sup>er</sup>.,
et Richard Néel, éc<sup>r</sup>., S<sup>r</sup>. de ... vivants en
l'an 1203, ont produit plusieurs lettres et écritures, et entr'autres un *vidisse* d'un arrêt,
donné en la cour de nos seigneurs les généraux, le 10 octobre 1480, à l'entente de Jean
Neel, escuyer, duquel ils ont dit fournir leur
descente par autres lettres et écritures, dont
du tout copie est demeurée au greffe. Le tout
vû par le procureur du Roi, il a requis qu'à
leur refus de fournir plus amplement leur descente, ils fûssent assis. V. le n°. 111.

120. La veuve de Jean Halley, et Martin,
son fils, ont été représentés pour défaillans.
Pourquoi le procureur du Roi a requis qu'ils
soyent assis.

### LA CHAPELLE-HARENC.

121. Jean de la Lande, Roger, Jean, Guillaume et Charles, dits de la Lande, dénommés comme nobles, se sont aidés de semblables
généalogie, lettres et écritures, que les S<sup>rs</sup>. de
la Lande, sur la parroisse de Cerqueux, en
la sergenterie d'Orbec, n°. 49.

## PRESTREVILLE.

122. Hector de Querville, et ses freres puî-
nés, Guillaume et Pierre, pour justifier leur
noblesse, qu'ils ont dit être d'ancienneté, ont
produit plusieurs lettres et écritures ; la premiere est du samedi après la Pentecôte 1345,
sur le nom de Henri de Querville, marié à
damoiselle Jeanne du Busc ; la derniere, du
2 mars 1517, contient les lots entre les dits
freres de la succession de feu Jean, leur perc.
Il ont dit justifier par les autres leur descente
de pere à fils, depuis leur bisayeul, Henri
de Querville, marié à damoiselle Jeanne du
Rosey.

123. Robert, Louis, Jean et Jacques, dits
Loïs, freres, pour justifier leur noblesse ancienne, ont produit une lettre de Pierre, comte
d'Alençon et du Perche, du 19 septembre
1387, par laquelle il mande de délivrer à
Etienne Loïs, S$^r$. du Mesnil et de la Tourisy,
comme personne noble, la dite terre du Mesnil, non-obstant la prise qui en avoit été faite
en sa main : duquel Etienne il a dit fournir sa
descente, jusqu'au 5$^e$. dégré par lui représenté,
par autres lettres et escriptures dont la copie
est demeurée au greffe.

# VILLE ET BANLIEUE DE LISIEUX.

### ROCQUES.

124. Jean de Goustimesnil a dit estre issu de la maison de Goustimesnil au pays de Caux, noble de toute ancienneté, et que les chartes et écritures d'icelle maison étoient aux mains de Nicolas, son frere ainé, Sg^r. du dit lieu de Goustimesnil et de Bully; et néantmoins, pour justifier sa généalogie, il a produit 4 traités de mariage, dont la copie est demeurée au greffe; le 1^er. desquels, de l'an 1402, est celui de damoiselle Marie de Bully avec Pierre de Gousti-mesnil, qu'il a d.t être son bisayeul. Le pro-cureur du Roi a requis qu'il vérifie sa descente, autrement qu'il soit imposé.

### LES VAUX.

125. Jacques l'Abbé, S^r. de Beaufy, a baillé l'état de sa noblesse avec le S^r. de Saint-Jean dé Livet, comme il a été déclaré sur la dite par-roisse de St.-Jean de Livet, n°. 84.

### BEUFVILLIERS.

126. Thomas Osmond, S^r. du dit lieu de

Beufvilliers, et Jean, S<sup>r</sup>. de Malicorne et de Marolle, son frere, ont baillé leur généalogie, justifiée par plusieurs lettres, chartes et écritures ; la 1<sup>re</sup>. desquelles, du 15 décembre 1390, est sur le nom de Jean Osmond, leur trisayeul, seigneur de la Roque, du Mesnil-Eudés, du Castelier, Creuly et Ofey, marié à damoiselle Jeanne, sœur de M<sup>re</sup>. Martin de Bouquetot, ch<sup>er</sup>., S<sup>r</sup>. du Breuil, duquel ils ont dit fournir leur descente jusqu'à eux, faisant le 5<sup>e</sup>. dégré. Voy. le n°. 92.

## SAINT-JACQUES ET SAINT-GERMAIN DE LISIEUX.

127. Jean de Mauregard, pour justifier la noblesse ancienne par lui alléguée, a produit plusieurs lettres et écritures dont la copie est démeurée au greffe ; la 1<sup>re</sup>. desquelles est une sentence du prévôt de Paris, de l'an 1485, par laquelle il délivre et adjuge à Nicolas Mauregard, conseiller du Roi et trésorier de France, son bisayeul, à raison du droit que la Coutume de Paris lui donnoit en tel cas, à cause de son privilége de noblesse, les meubles demeurés par le décès d'Adele, sa femme ; duquel Nicolas il a dit sa descente être fournie par les dites lettres.

128. Jean le Valois, S<sup>r</sup>. de Putot, tant pour

lui que pour son fils, Nicolas, l'un des dits
Elus, a produit un annoblissement à lui donné
par le Roi en fév. 1522, pour 600 liv. pour
sa part, par lui payées, jouxte la quittance.

* 129. Guillaume Filleul, et François, son
fils, greffier de la dite élection, a montré un
anoblissement sur le nom du dit Guillaume en
fév. 1522, moyennant 500 livres payées, jouxte
la quittance. V. le n°. 85.

130. Pierre le Sauvage, pour lui et Pierre,
son père, demeurant en la paroisse du Quesnay, a montré un anoblissement concédé à
son dit père, en octob. 1522, pour 500 liv.
payées, jouxte la quittance.

* 131. M^e. Nicolas le Bottey, Robert le Bottey, son frère, demeurant à N. D. de Villers,
et Guillemette Berthelot, leur mère, et Gillette le Bottey leur cousine, ont produit un
arrêt de la cour, du 31 janv. 1483, par lequel
il est dit, que David et Jean, dits le Bottey,
leurs pères, jouiront du privilége de noblesse,
au droit et tiltre des francs-fiefs : desquels
David et Jean ils ont dit fournir leur descente
par les lettres et écrit, par eux produites,
dont la copie est demeurée au greffe. V. le
n°. 88.

132. Jean Hédiart, autre élû à Lisieux , a fourni l'anoblissement , donné à feu son père en 1522 , pour 140 liv. par lui payées , jouxte la quittance.

133. Mathieu Aulny a dit , que ses frères aînés sont saisis des lettres et écritures de leur maison , et qu'ils ont baillé l'état de leur noblesse en l'élection de Rouen où ils sont demeurans ; et il s'est submis d'en faire apparoir.

## SAINT-DESIR-DE-LISIEUX.

134. Pierre Toustain , S$^r$. de Millouet , et Henri son frère , et Pierre , leur oncle , ont dit , que par leurs lettres et écritures ils fournissoient leur descente de père à fils en ce titre de noblesse , depuis Guillaume Toustain leur bisayeul , vivant en l'an 1413 , jusqu'à eux , faisant le    degré.

## SAINT-AUBIN DE SELLON.

135. Jacques le Buictier , S$^r$. des Pivitrans , a produit un anoblissement de juill. 1523 , pour 300 livres par lui payées.

## SAINT-JEAN D'ASNIERES.

136. Jean de Baudry, pour lui et ses ne-
veux, s'est aidé de la charte des francs-fiefs,
et a dit, qu'alors Colin de Baudry, son ayeul,
avoit été certifié anobli, moyennant la somme
de 20 livres t$^s$. ; mais parce qu'il n'a ni charte
particulière, ni lettres des commissaires des
francs-fiefs, mais seulement la quittance des
dites 20 livres, le p$^r$. du Roi a requis qu'il
soit assis.

### NOUARDS.

* 137. Marguerin de Malortie, S$^r$. du Bois-
Girard, a baillé plusieurs lettres et écritures,
par lesquelles il dit fournir sa descente, jusqu'au 8$^e$. dègré par lui représenté, depuis
Guillaume de Malortie, mentionné en là 1$^{re}$.
des dites lettres, de l'an 1410, qui est un
partage entre Jean et Henri, dits de Malortie,
frères, de la succession du dit feu Guillaume,
leur père, et de damoiselle Agnès de Four-
ville, leur mère.

138. Nicolas de la Houssaye, S$^r$. du Plaisir ;
Richard et Philippe de la Houssaye ; André,
S$^r$ de Gatival ; Pierre, S$^r$. de Saint-Laurent

du Buisson ; et Germain , S<sup>r</sup>. de la Croix , ont présenté leur généalogie , commençante à M<sup>re</sup>. Bertrand de la Houssaye, ch<sup>er</sup>., dont seroient issus Olivier , et Guillaume , père de Thomas ; duquel Thomas , qualifié par la 1<sup>re</sup>. de leurs lettres, datée du     mai 1405 , noble personne, et S<sup>r</sup>. du Plaisir , ils ont dit fournir leur descente de père à fils. V. le n°. 374.

## CAUVERVILLE.

139. Damoiselle Marguerite de Normanville, veuve de Jacques du Ménil , S<sup>r</sup>. de la Rivière, demeurant en la dite parroisse, combien qu'elle n'ait été nommée à la fin du rôle d'icelle , a présenté au nom de Adrien et Guillaume du Mesnil, ses fils , leur généal. de 4 degrés , commençante à Pierre du Mesnil , S<sup>r</sup>. du lieu , leur bisayeul , qui, en 1460, traita le mariage de Guillaume son fils avec damoiselle Philippe des Chesnes , desquels elle fournissoit la descente par lettres et écritures.

## LIEUREY.

140. Charles aux Epaules , S<sup>r</sup>. de Sainte-Marie du Mont, a été plusieurs fois convenu aux fins de sa noblesse ; et, pourcequ'il ne

s'est comparu, ni personne pour lui , le proc.
du Roi a requis qu'il soit assis.

### MORAINVILLE.

141. Jean Pierre, S$^r$. du Saussey, pour justifier sa noblesse, a produit l'anoblissement
donné en octobre 1477 à Perrin Pierre, un
de ses prédécesseurs, et un extrait du registre
des francs-fiefs et nouveaux acquêts de Normandie, du 9 septembre 1519, contenant,
que Richard Pierre, son père, ayant été cotisé
aux dits francs-fiefs, fût renvoyé sans finance.
Le procureur du Roi a requis qu'il vérifie sa
descente des dessusdits, ou qu'il soit assis.
V. l'art. 147.

142. Jean Fortin a dit être personne noble
d'ancienneté, dont il a baillé sa généalogie,
laquelle il ne justifie que de Julien Fortin,
son père, en l'an 1523. Pour quoi le procureur du Roi a requis qu'il soit assis.

### BAILLEUL.

143. Richard de Livet, S$^r$. du lieu, a fourni
avec Jean, son père, en la parroisse de Saint-
Gervais d'Asnieres, sergenterie de Moyaux,
n°. 74.

BASOQUE.

* 144. Guillaume de Clinchamp , S$^r$. de Cautecôte et du Fay , pour lui et pour les enfans sousages de Jean , son frère aîné ; Constantin et M$^e$. Jean de Clinchamp , président en cette élection , pour justifier leur noblesse ancienne , ont produit plusieurs lettres et écritures , par lesquelles ils ont dit justifier leur descente jusqu'au cinquiesme dégré , de Philippes de Clinchamp et damoiselle Jeanne de Bayez , sa femme , vivants en 1407.

145. Guillaume et Isaac le Boucher, frères, fils de feu Charles , et de damoiselle Marguerite de Bigards, pour justifier leur noblesse, fondée sur la charte des francs-fiefs , ont produit plusieurs lett. et écritures , sur le nom de Jean le Boucher leur ayeul , entre lesquelles est une quittance, signée : Monfaut, de 20 liv. t$^s$. par lui reçues du dit Jean , et une sentence donnée à son profit et entente en l'élection de Bernay, en l'an 1488 , dont du tout copie est demeurée au greffe. Mais parce qu'ils n'ont prouvé suffisamment, que le dit Jean , leur ayeul , fût tenant noblement avant sa dite cotisation aux francs-fiefs, ainsi qu'il est déclaré

dans l'édit sur ce fait par le Roi, le procureur
du Roi a requis qu'ils soyent assis.

## JOUVAUX.

146. Martin le Carpentier, pour lui et les
enfans de Gilles, pour justifier sa noblesse ancienne, a produit un arrêt de nos sieurs les
généraux à Rouen, du 18 juill. 1483, sur le
nom de Benoist le Carpentier leur aïeul, et 2
sentences des plaits de Folleville ; et par ces
lettres, dont la copie est demeurée au greffe,
ils disent leur noblesse estre suffisamment justifiée. Le tout vû par le procureur du Roi, il
a requis une plus ample vérification, ou qu'ils
soyent assis.

147. Pierre, Robert, et Claude, dits Pierre,
freres, ont fourni l'anoblissement donné à
Perrin Pierre, et tel que l'avoit fourni le S$^r$. du
Saussi, sur l'art. et parroisse de Morainville ;
duquel anobli ils ont fourni leur descente par
autres lettres et écritures, dont la copie est demeurée au greffe. V. le n°. 141.

## LA CHAPELLE-BAIVEL.

*148. Martin et Pierre, dits Hally, ont produit un anoblissement, donné en 1509, à Guillaume, leur pere, moyennant 105 liv. t[s]. par lui payées, joûte la quittance.

### FRESNES.

149. Jean de Livet a baillé l'état de sa noblesse, avec Guillaume de Livet, S[r]. de Bonneville, son pere, et les S[rs]. de la Poterie, et de Bailleul, sur l'art., et parroisse de St.-Gervais d'Asnieres, n°. 74.

### ESPREVILLE.

150. Georges de Trousseauville a baillé par déclaration sa descente et extraction de noblesse, qu'il a dit ne pouvoir justifier par chartes et écritures, parcequ'elles sont devers M[re]. Jacques de Trousseauville, chevalier, S[r]. de Chuilly, son frere. Cependant il a montré des lettres de 1475, sur le nom de M[re]. Jean de Trousseauville son ayeul, et d'autres lettres et écritures, dont la copie est demeurée au greffe, et il s'est submis vérifier sa descente jouxte sa généalogie. Ainsi requis par le procureur du Roi, autrement qu'il soit assis.

### SAINT-NICOLAS DES LETTIERS.

151. Jacques du Val, S[r]. du Bois, a dit être

noble de toute ancienneté, et pour le justifier, a baillé généalogie, lettres, et écritures : à quoi ne s'est voulu arrêter, mais a produit une commission par lui impétrée, par laquelle il étoit reçu à vérifier sa généalogie par témoins ; sur la quelle commission il est encore en procès vers le procureur du Roi, parceque la dite preuve et information n'a encore été faite. Et outre a déclaré, qu'il est aux ordonnances du Roi, Archer, sous M$^r$. le duc d'Estouteville, comte de St. Paul.

## LA TRINITÉ DES LETTIERS.

152. Jean de la Vallée, S$^r$. de Fremantel, pour justifier sa noblesse, a produit quelques lettres et écritures : à quoi ne s'est voulu arrêter, mais à dit estre aux ordonnances du Roi sous la charge et compagnie du duc d'Estouteville, S$^r$. de St.-Paul, et a fourni deux certificats de ses capitaines. Le tout vû par le procureur du Roi, d'autant qu'il n'avoit suffisamment fourni son extraction de noblesse, il a requis qu'il fût débouté du dit privilege, avec défense de s'intituler à l'avenir écuyer ; sauf à lui de jouir du privilege d'exempt, comme étant aux ordonnances.

153. Jacques Grenot, S$^r$. du Chastel, a dit être

être procréé de noblesse ancienne, et issu de Jean Grenot, sorti puisnément du sieur de Grenot en Bretagne ; lequel Jean, vivant en 1589, fut seigneur de Héricy et Montmartin en Graigne, et épousa damoiselle Marie de la Lande, dame du lieu et de Mont-Pinchon, desquels il a dit fournir sa descente de pere à fils, jusqu'au 5°. dégré par lui représenté, suivant les lettres et écritures par lui produites, dont la copie est demeurée au greffe.

154. Jean du Chaussis à dit être procréé de noblesse ancienne ; et pour le justifier, il a produit plusieurs lettres et écritures, la 1re. desquelles, en 1415, est sur le nom de Jean, son bisayeul, qui y est titré écuyer ; duquel Jean il a dit fournir sa descente par les dites lettres ; mais pourceque la production des dites lettres n'étoit suffisante pour l'attestation de sa noblesse, le procureur du Roi a requis qu'il soit assis.

155. Pierre Baratte s'est aidé de semblables généalogie, lettres et écritures ; que le Sr. de la Rouvraye, son frere, ainsi qu'il est déclaré sur la parroisse de Toucquette, art. 180.

### BOSCQUENCEY.

156. Marin du Val, Sr. du lieu, pour lui et

M*. Charles et Pierre, ses frères, a dit être personne noble de toute ancienneté, et que par les lettres et écritures par lui produites, et dont la copie est demeurée au greffe, il fournisait sa descente de Guillaume du Val, son antébisayeul, vivant en 1428.

## HEUGON.

157. Guillaume des Chesnes, S$^r$. du lieu, a déclaré être noble de toute ancienneté, dont il a baillé généalogie commençante à Guillaume des Chesnes, S$^r$. du lieu, vivant en 1439, qui épousa damoiselle Jeanne du Moutier, desquels il a dit fournir sa descente de dégré en dégré, joûte plusieurs chartes et écritures dont la copie est demeurée au greffe.

158. Guillaume Hullis, S$^r$. de la Mote, dénommé à la fin du rôle, ne demeure point sur cette élection, ainsi qu'il a été certifié par le sergent de la querelle, joûte sa relation : néantmoins il a fait apparoir par acte de élûs d'Alençon du 29 avril an présent, qu'il avait baillé et presenté devant eux.

159. Roger du Rouil, S$^r$. du Bois-Richard, s'est aidé de semblables lettres et écritures

que Eustache du Rouil , S<sup>r</sup>. du lieu et des Rotailles , ainé de leur maison , sur la parroisse
des loges , en la sergenterie d'Orbec, article 29.

## SAP – ANDRÉ.

160. Richard le Roux , S<sup>r</sup>. de la Verderie ,
pour justifier sa noblesse ancienne , a montré
un arrêt de la cour de nos Sg<sup>rs</sup>. les généraux ,
donné à son profit le 27 février 1519 , contre
les parroissiens du Sap-André , dont la copie
est demeurée au greffe.

161. Lion le Boucher , et Simon , son fils ,
ont dit être procréés de noblesse ancienne ,
comme issus de Guillaume le Boucher , S<sup>r</sup>. du
fief de la Roche , vivant en 1430 , ayeul du
dit Lyon ; et pour le prouver , ils ont produit quelques aveux , baillés au dit Guillaume
par les hommes de son dit fief de la Roche ;
et le dit Simon a dit qu'il étoit des ordonnances
sous la charge de M<sup>r</sup>. d'Estouteville , comte de
Saint Paul, selon 2 certificats du S<sup>r</sup>. de Thaye,
son capitaine , dont du tout la copie est demeurée au greffe. Et , pourceque la dite noblesse n'estoit suffisamment justifiée , le procureur du Roi a requis lesdits le Boucher ,
pere et fils , être déboutés du dit privilege ,

avec défenses de s'intituler désormais écuyer, et que le dit Lion soit assis au profit du Roi , sauf au dit Simon à jouir du privilege d'éxemption, à cause de son dit état d'ordonnance.

## LE BESNERÉ.

162. Jean Esnault n'a rien fourni, parcequ'il est en procès en la cour de nos sieurs les généraux à Rouen , contre les parroissiens de la dite parroisse, pour le fait de son assise.

## CROISILLES.

163. Roger de Boulogne, sous-age, par Jean de Beauvoisin , son tuteur, a baillé sa généalogie, commençante à Guillaume de Boullogne, S<sup>r</sup>. du lieu, par un aveu de 1397 ; et pour prouver la descente , il a fourni plusieurs autres aveux , dont la copie est demeurée au greffe.

164. Jean de Cambosc, sous-age, dénommé comme noble. Michelle Guital , sa mere , a baillé la généalogie de son extraction de noblesse , et a produit plusieurs lettres, comme elle étoit veuve de Nicolas de Cambosc , éc<sup>r</sup>., et comme la garde du dit Jean , sous-age, lui avoit été baillée par le Roi en 1534. Mais·pour-

cequ'elle ne fournissoit de sa noblesse ni de celle de son feu mari, le procureur du Roi a requis qu'elle fût assise.

### CHAUMONT.

165. M^{re}. Guillaume Duard, chevalier, S^r. du lieu, approché pour fournir sa généalogie, a dit n'estre demeurant en cette élection, a produit un acte des Élûs d'Argentan, comme François, son frere, y étoit poursuivi pour semblable fin, et qu'il entendoit y bailler avec lui l'état de sa noblesse, joûte le contenu au dit acte, daté du 30 octobre 1540. Ce néantmoins, le procureur du Roi a requis qu'il fît apparoir de sa généalogie, baillée en la dite élection d'Argentan, ou qu'il soit assis.

### NEUFVILLE.

166. Jacques Mauclerc, dénommé noble, accusé de dérogeance pour tenir à ferme, an présent, la coutume de St.-Laurent-du-Bosc-Renouf, a été répresenté pour défaillant. Ce non-obstant, vû le rapport contre lui fait, le procureur du Roi a requis qu'il soit assis. V. le n°. 170.

* 167. Gilles Bouchard, pour lui et son frere, a dit être issu d'ancienne noblesse, dont il a

baillé sa généalogie, commençante à Jean Bouchard, pere de Renoul, lequel épousa damoiselle Jeanne de Grandval, joûte une lettre de l'an 1482, laquelle, avec plusieurs autres qui justifient sa descente du dit Renoul, a été par lui produite, et la copie d'icelles est demeurée au greffe.

168. Jean de Pantou s'est aidé de semblables lettres et écritures que le Sr. de Folleval, sur la parroisse de Tiegeville, article 45.

169. Jean Gruel a produit l'extrait d'un arrêt de la cour de nos sieurs les généraux, donné le 23 décembre 1523, contre les habitans de Iliesmes, à l'entente de Nicolas Gruel, son frere, sur le fait de leur noblesse, fondée sur les francs-fiefs.

170. Pierre, Jean, Jacques et François, dits Mauclerc, ont produit un anoblissement donné en 1490 à Jean Mauclerc, qu'ils ont dit être leur ayeul, pour 30 écus payés, joûte la quittance; plus, l'extrait d'un arrêt de nos sieurs les généraux, donné en 1518 à leur entente contre le procureur général. V. le n°. 166.

### POSMONT.

171. Gilles Georges, convenu pour dire les

causes de son exemption, a été représenté pour défaillant vers le procureur du Roi, qui a requis qu'il soit assis.

## MARDRILLY.

172. Gilles de Rosenivinen, S$^r$. de Chamboi, est décédé depuis qu'il a été approché pour bailler sa noblesse ; pour quoi n'a été plus, avant procédé.

173. Martin de Hudebert, S$^r$. du Blanc-Buisson, a produit un arrêt donné en 1477, à l'entente de Colin de Hudebert, oncle de Pierre, pere du dit Martin, pour le fait de sa noblesse ; et si il a fourni sa descente depuis Guillaume, son bisayeul, par plusieurs lettres et écritures, dont la copie est demeurée au greffe.

## SAINT-EVROULT-DE-MONTFORT.

174. Fraslin Bertelot, S$^r$. de l'Escaille, a été représenté pour défaillant, et néantmoins le procureur du Roi a requis qu'il soit assis.

175. Nicolas des Buats, S$^r$. de Berjou, a fait apparoir, par acte des Elus de Falaise, du 22 octobre an présent, comme il avoit baillé de-

vant eux l'état de sa noblesse, avec le vicomte de Falaise, son frere.

## LE SAP.

176. Antoine Thiesse, S<sup>r</sup>. de la Fontaine, s'est aidé de semblables lettres que le S<sup>r</sup>. de la Halboudiere, son oncle, comme il a été déclaré sur l'art. et parroisse du dit lieu de la Halboudiere, art. 24.

177. M<sup>e</sup>. Jean de la Fosse, S<sup>r</sup>. de Neuville, a produit un anoblissement donné en octobre 1522 à Jacques, son père, joûte la quittance.

178. Guillaume de Riviere a été representé pour défaillant vers le procureur du Roi, qui a requis icelui Riviere être assis.

## GACEY.

179. Gilles de Maurey, S<sup>r</sup>. de la Fanjaye, a dit être procréé d'ancienne noblesse, joûte sa généalogie, commençante à Robin, son bisayeul, vivant en 1453, duquel il a dit fournir sa descente par plusieurs lettres et écritures, dont la copie est demeurée au greffe.

## TOUCQUETTE.

180. Jean Baratte, S<sup>r</sup>. de la Rouvraye, Pierre

et Germain, ses fils, et son frere, Pierre, demeurant à la Trinité des Lettiers, ont dit être
procréés et descendus de noblesse ancienne,
commençant à Robert Baratte, qui étoit S$^r$.
de la Rouvraye, dont ils ont fourni lettre de
l'an 1472. Et si ont fourni par plusieurs lettres et écritures, comme les successeurs du dit
Robert ont succédé à la dite terre de la Rouvraye par plusieurs dégrés jusqu'au dit Jean,
qui en est encore tenant. Avec ce a produit
une sentence, donnée en cette élection, en
1533, à son profit, sur le fait de sa noblesse.
Néantmoins le procureur du Roi a requis plus
ample vérification de sa descente, ou autrement qu'il soit assis. V. l'art. 155.

181. Jacques des Boulets, S$^r$. du Buisson et
de la Ronce, et Geoffroi, son frere, ont fourni
leur noblesse, fondée sur la charte des francs-
fiefs, où M$^e$. Jean, leur ayeul, fut cotisé à 30
liv., dont ils produisent la quittance avec plusieurs lettres et écritures, pour fournir leur
descente, dont la copie est demeurée au greffe.

## VILLERS-EN-OUCHE.

182. Louis Flambard, Guillaume et Bertrand,
ses oncles, et les enfans d'Eustache, son oncle,

ont baillé leur généalogie, commençante à M<sup>e</sup>.
Guillaume Flambard , vivant en 1416 avec
dame Françoise Bovet, son épouse, comme ils
l'ont montré par lettres ; et qu'il avoit été
anobli, en 1409, pour 160 liv. par lui payées,
joûte la quittance. Et ils ont fourni leur descente du dit Guillaume par d'autres lettres et
écritures, dont la copie est demeurée au greffe.
V. les n<sup>os</sup>. 65 , 184.

183. Denis Berthelot , soi-disant noble , n'a.
rien fourni. Pource qu'il a été témoigné par
les collecteurs et parroissiens du dit lieu qu'il
étoit absent de la maison du Bois-Boulay , le
procureur du Roi a requis qu'il soit assis.

#### NÔTRE-DAME-DES-PRÉS.

184. Bertrand Flambard a fourni avec le S<sup>r</sup>.
de Villers , comme il a été déclaré sur l'art. et
parroisse du dit lieu de Villers , art. 182.

## VICOMTÉ D'AUGE.

### SERGENTERIE DE CAMBREMER.

#### PARROISSE DE LIVET-LE-BAUDOUIN.

185. Jacques de Tournebu, S<sup>r</sup>. du dit lieu,

a dit être procréé et descendu d'ancienne noblesse , et a produit plusieurs lettres et écritures, la 1re. desquelles est sur le nom de Mre.
Jean de Tournebu, cher., Sgr. et baron de
Tournebu, son bisayeul, et est datée de l'an
1452 ; duquel chevalier il a fourni sa descente
par les dites lettres, dont la copie est demeurée
au greffe.

186. Lucas d'Auge a baillé l'état de sa noblesse avec les Srs. de Coursy et de Gonnoville, comme il appert sur l'art. et parroisse de
St.-Pierre-Azifs, sergenterie de Dive, art. 220.

MONSTEREUIL.

* 187. Raoul de Chantelou a dit être procréé de noblesse ancienne; et, pour le fournir,
il a produit plusieurs lettres, l'une desquelles
est un *vidisse* des tabellions de Torigny, de
juin 1528, comme ils avoient vû un rôle où
il y a plusieurs aveux rendus à Mre. Eustache
de Chantelou, cher., au bas duquel rôle étoit
écrit icelui être fait, lû et accordé en la presence de Mre. Eustache de Chantelou , cher.,
le jeudi après la St.-Aubin 1333 ; duquel chevalier il a dit être descendu ; et, pourcequ'il
ne l'a suffisamment fourni, le procureur du
Roi a requis qu'il soit assis.

## MESNIL-SIMON.

188. Guillaume et Pierre, dits de Cordey, pour justifier leur noblesse ancienne, ont produit une sentence des commissaires des francs-fiefs, du 12 avril après Pâques 1472, par laquelle Pierre et Jean, dits de Cordey, fils de Eustache, leur oncle, sont déchargés, comme nobles de toute ancienneté, du payement des dits francs-fiefs, avec plusieurs autres lettres anciennes et écritures. Le procureur du Roi, après les avoir vues, a requis qu'ils vérifiassent qu'ils sont fils de Jean de Cordey, frere du dit Eustache, ou, à leur refus, qu'ils soyent assis.

189. Geoffroi Collet, S<sup>r</sup>. des Bofves, a dit être noble d'ancienneté, et, pour le prouver, a produit plusieurs lettres sur le nom de Thomas, son pere, et de Guillaume, son ayeul, et la copie d'une information faite par les Élus de Lisieux à l'instance du dit Guillaume, sur sa noblesse. Mais parceque de la dite information ne s'étoit ensuivi aucune vuide ou sentence, et que par les autres lettres la noblesse du dit Collet n'étoit suffisamment fournie, le procureur du Roi a requis qu'il soit assis.

## PONTFOL.

190. Jean de Pontfol, S$^r$. du lieu et Louis son frere, pour preuve de leur noblesse ancienne, ont fourni leur descente depuis Jean de Pontfol, seigneur du dit lieu, et damoiselle Binette de la Planche, son épouse, vivants en 1405, leurs bisayeux, jusqu'à Guyot, leur pere. Le tout vû par le procureur du Roi, il a requis qu'ils vérifiassent être fils légitimes du dit Guyot de Pontfol, et, à leur refus, qu'ils soyent assis.

### LA CAUDE.

191. Henri Tabouyer, dénommé noble, a fourni avec Laurent, S$^r$. de Brucour son frere, sur l'article et parroisse d'Etrées, n°. 198.

192. Jean le Bouteiller, et Hervé, S$^r$. de la Bouteillerie, son frère, ont produit un arrêt de la cour de nos sieurs les généraux à Rouen, donné en aout 1523, à l'entente du dit Hervé, sur sa noblesse, dont la copie est demeurée au greffe.

### LA ROQUE.

193. Gilles Baignart, S$^r$. du dit lieu de la

Roque, combien qu'il n'ait été dénommé à la fin du dit rôle, s'est présenté comme demeurant en la dite parroisse de la Roque, a baillé sa généalogie, et a dit justifier sa descente depuis Pierre Baignart, son bisayeul, vivant en 1455, seigneur du dit lieu de la Roque, Folleville, Annebaud, Heudreville, Ferriere-haut-Clocher, et autres terres et sieuries, par lettres et écritures dont la copie est demeurée au greffe.

### LE CHESNE.

194. Jacques de Martinville, Sr. de St.-Martin, a déclaré qu'il étoit de noblesse ancienne, et descendu de pere à fils de Guillaume de Martinville, vivant en 1385, qui se titroit noble, et Sr. de Soubsmont, selon qu'il l'a fourni par plusieurs lettres, dont la copie est demeurée au greffe.

195. Jean de Soliers, autrement de la Fosse, a dit être procréé de noblesse ancienne, dont il a baillé généalogie, pour laquelle justifier, il a produit plusieurs lettres et écritures, dont la 1re. est sur le nom de Robert de la Fosse, valet de chambre du Roi notre sire, et datée de l'an 1402. Le tout vû par le procureur du Roi, il a requis le dit de la Fosse être contraint

vérifier sa descente du dit Robert en titres de noblesse.

196. François de Sidebray a dit être issu de Roger de Sidebray, personne noble, et pour le justifier s'est aidé de plusieurs lettres, dont la $1^{re}$. est un *vidisse* du 26 septembre 1537 de lettres royaux du     aout 1459, obtenus du roi Charles par le dit Roger, qui y est titré écuyer. Mais parcequ'il n'a autrement fourni sa noblesse ni suffisamment sa descente du dit Roger, le procureur du roi a requis qu'il soit assis.

### ESTRÉES.

197. Guillaume de la Planche, $S^{r}$. du lieu, et Henri, $S^{r}$. de Cerqueux, ont baillé leur généalogie et extraction de noblesse, et produit plusieurs lettres et écritures, la $1^{re}$. desquelles, datée du mercredi après la St.-Samson l'an 1349, fait mention de $M^{re}$. Robert de la Planche, chevalier, et par les autres ils fournissent leur descente de père à fils du dit Robert; desquelles lettres la copie est demeurée au greffe.

198. Laurent Tabouyer, $S^{r}$. de Brucourt, et Henri, son frère, demeurant en la parroisse de la Caude, ont dit être procréés de noblesse

ancienne : toutefois par leur production ils n'ont fourni que de Jean Tabouyer, leur ayeul, qui épousa une damoiselle nommée de Beuville à cause de laquelle il fut sergent hérédital de Cambremer, dont il est encore à present tenant selon les lettres et écritures par lui produites, commençantes à l'an 1453. Non-obstant cette production, le procureur du Roi a requis qu'ils soyent contraints de vérifier leur noblesse et extraction, par témoins, si besoin est, autrement qu'ils soyent assis. V. le n°. 191.

## MANERBE.

199. François de Borel, S<sup>r</sup>. du lieu ; et son frere, S<sup>r</sup>. d'Herbigny, et Guillaume, et Melchior Borel, fils du dit S<sup>r</sup>. de Herbigny, ont dit être issus de noblesse ancienne, dont ils ont baillé généalogie et déclaration de leur descente par plusieurs dégrés, à commencer à M<sup>re</sup>. Robert Borel, chevalier, qui fut seigneur de Hieuville, lequel ils ont dit être sorti de Hugues Borel, vivant le 10 avril 1207. Le procureur du Roi a requis, qu'ils vérifiassent leur descente, ou qu'ils soyent assis. V. 285.

* 200. Guillaume de Brezay, pour justifier sa
noblesse,

noblesse et sa généalogie, commençante à Pierre de Brézay, qui de damoiselle Marguerite de Beaumont, sa femme, eut Robert de Brézay, a produit un acte des plaits de Lisieux, de 1415, où le dit Robert, qualifié écuyer, s'oppose au décret du fief et terre du Haut-Milouet, avec plusieurs autres écritures, dont la copie est demeurée au greffe : et parceque par icelles, n'est suffisamment justifié, le procureur du Roi a requis qu'il soit assis, au refus de vérifier sa dite noblesse par témoignage ou autrement.

201. Robert Rosée, S$^r$. en partie du dit lieu de Manerbe, a dit être extrait de noblesse ancienne, et issu de Jean Rosée, son bisayeul, vivant en 1433, seigneur d'Estarville, et de damoiselle Marie de la Bouverie, son épouse, desquels il a dit fournir sa descente par plusieurs lettres et écritures dont la copie est demeurée au greffe.

202. Guillaume Vipart, dénommé au dit rôle, a déclaré être sorti de la maison du S$^r$. de Drumare, et s'aider de semblables généalogie chartes et écritures : et pourcequ'il ne l'a fourni ni montré, le procureur du roi a requis qu'il soit assis. V. le n°. 211.

6

## LE PRÉDAUGE.

\* 203. M^e. Robert de la Riviere, et Charles, son neveu, S^r. du dit lieu du Prédauge ; Michel, S^r. de Brocote, Jacques de la Riviere , S^r. du Mesnil, et M^e. Charles, son frere, ont baillé ensemble la déclaration de leur généalogie et descente, commençante à Jean de la Rivière, S^r. des Autieux, vivant en 1307, selon que contient la 1^re. de leurs lettres, par laquelle le dit Jean, dénommé écuyer, acquit de Hue des Autieux, écuyer, le dit fief des Autieux ; duquel Jean ils ont dit être descendus par les dégrés maqués en leur généalogie, pour la justification de laquelle ils ont montré plusieurs lettres et écritures, dont la copie est demeurée au greffe. Le tout vû par le procureur du Roi, il a requis les dits de la Riviere être contraints de vérifier leur descente, autrement qu'ils soient assis. V. le n°. 257.

## CAMBREMER.

204. Robert le Gouez, S^r. du Buis, a dit que l'un de ses prédécesseurs avoit acquis le dégré de noblesse par la charte des francs-fiefs, selon qu'il a dit le fournir par lettres et écritures,

dont la copie est demeurée au greffe. Et pourceque sa production n'étoit suffisante pour
justifier sa noblesse, le procureur du Roi a
requis qu'il soit assis.

## LEAUPARTIE.

205. Jean Maillart, S<sup>r</sup>. du lieu, à dit être
personne noble, et a produit plusieurs lettres
et écritures dont la copie est demeurée au greffe,
par lesquelles il a dit fournir sa descente de
Girot Maillart, S<sup>r</sup>. dudit lieu de Leaupartie,
vivant en 1384, lequel, suivant la 1<sup>re</sup>. des dites
lettres, épousa dame Philippe Bertran, alors
dame de Roncheville.

## SERGENTERIE DE DIVE.

### PARROISSE DE SAINT-ÉTIENNE DE LA TILLAYE.

206. Charles et Thomas, dits du Mont, S<sup>rs</sup>. de
la Barberie, pour eux et leur freres, ont produit les *vidisse* de plusieurs lettres anciennes,
entre lesquelles est une déclaration de l'an
1267, faisant mention d'un appointement entre
Nicole et Robert du Mont, freres, fils de Henri,
au sujet du fief du Mont Canisy et autres à
eux échus. Et si ont montré, que Robert du

Mont, leur ayeul, avant été taxé aux francs-fiefs, en 1470, à 59 liv. tournois, il fut déchargé de la dite assiette, et elles lui furent restituées par ordonnance des commissaires, comme trouvé noble, par les informations qu'il avoit fait faire de son état de noblesse, et les lettres, chartes, et écritures qu'il avoit produites. Le procureur du Roi a requis qu'ils vérifient leur descente, autrement qu'ils soient assis. V. le n°. 291.

### GRENGUES.

* 207. Thomas de Tilly a produit des lettres du Roi, du mois de janvier 1527, par lesquelles il avoit légitimé et anobli Gabriel de Tilly, son pere, pour 195 liv. tournois, par lui payées, joûte la quittance. Le procureur du Roi a requis qu'il vérifie être fils du dit Gabriel, ou qu'il soit assis.

* 208. Guillaume d'Annebaud, S$^r$. de Bonnebosc, et du dit lieu de Grengues, a dit être issu de noblesse ancienne, et descendu de Jean d'Annebaud; et a produit plusieurs lettrés dont la copie est demeurée au greffe; desquelles la 1$^{re}$. est de l'an 1396; et la 2$^e$, de l'an 1402, fait mention de damoiselle Colette de Quet-

teville, veuve de Jean d'Annebaud, écuyer. Par lesquelles lettres il dit justifier sa descente de pere à fils, en titres de noblesse. V. le n°. 263.

## SAINT-CLOUD-SUR-DIVE.

209. Simon le Pelletier a dit être personne noble, issu de Simon, anobli par la charte des francs-fiefs ; et pour le justifier, il a seulement produit la copie d'un extrait des registres de la cour des aides de Normandie, du 28 juillet 1520, et la copie d'un acte des élus d'Evreux, concernant Robert le Pelletier, fils du dit Simon, anobli : et pourcequ'il n'a voulu autre chose montrer, le procureur du Roi a requis qu'il soit assis.

* 210. Jean Douessey, S<sup>r</sup>. du dit lieu de St.-Cloud, a produit plusieurs lettres et écritures, dont la 1<sup>re</sup>. fait mention de dame Jacqueline d'Ansteme, qui avait été mariée à M<sup>re</sup>. Jean Doessey, chevalier, S<sup>r</sup>. du lieu, (et de M<sup>re</sup>. Jean Doessey, chevalier ), et de Guillaume Doessy, écuyer, freres ; par lesquelles lettres il a déclaré fournir sa descente du dit Guillaume et de damoiselle Jeanne Vipart sa femme, jusqu'à Guillaume Doessey, qu'il a dit être son pere. Le procureur du Roi a requis qu'il vérifie être fils du dit Guillaume, ou qu'il soit assis.

## BEAUMONT.

211. Guillaume de Vipart, S$^r$. de Drumare, pour fournir son exemption de noblesse, a produit plusieurs lettres et écritures, entre lesquelles est une sentence des commissaires des francs-fiefs, du 29 mai 1471, par la quelle Jean Vipart, S$^r$. de Drumare, son bisayeul, fut déchargé de la cotisation aux dits francs-fiefs, comme ayant été trouvé personne noble par les informations sur ce faites; duquel Jean, et de damoiselle Robine de Béthencourt, sa femme, il a dit fournir par autres lettres par lui produites, qu'il étoit procréé et descendu, ainsi que ses freres, M$^e$. Guillaume, S$^r$. de la Fontaine, et Robert S$^r$. de Silly. V. les n$^{os}$. 202, 261.

## DIVE.

212. M$^e$. Michel de Semilly a fait apparoir comme il avoit baillé sa généalogie devant les élus de Caen, sous le ressort desquels il a dit être demeurant.

## VILLERS-SUR-MER.

213. Olivier d'Émeri, S$^r$. du lieu, et Charles,

son frere, ont dit être procréés et descendus d'ancienne noblesse, jouxte leur généalogie, commençante à Jean de Hémeri, qui épousa damoiselle Marie de Maussigni, à laquelle fut donnée en mariage la dite terre de Villers, en l'an 1394; desquels ils ont dit fournir leur descente de pere à fils par les lettres et écritures par eux produites, dont la copie est demeurée au greffe.

### SAINT-ARNOUL.

214. Guillaume de Récusson, S<sup>r</sup>. de Chambray, et Jean, S<sup>r</sup>. du Mont-Canisy, son pere, ont produit plusieurs lettres et écritures, dont la 1<sup>re</sup>., de l'an 1389, fait mention de Simon de Récusson, de la damoiselle sa femme et de Guillaume, leur fils, et par lesquelles ils ont dit leur généalogie être suffisamment fournie. V. le n°. 224.

### GONNEVILLE-SUR-DIVE.

215. Jacques d'Aché, S<sup>r</sup>. du dit lieu de Gonneville, M<sup>e</sup>. Philippes et Jean, ses freres, ont dit être nobles d'ancienneté à cause de leurs prédécesseurs, jouxte la généalogie par eux baillée, finissante, en rétrogradant, à M<sup>re</sup>. Eudes d'Aché, qui en feroit le 6<sup>e</sup>. dégré, et

les lettres et écritures par eux produites pour la justification d'icelle , et dont la copie est demeurée au greffe. Le procureur du Roi a requis qu'ils fussent contraints de fournir leur descente , autrement qu'ils fussent assis.

## BRANVILLE.

216. Robert Tollemer , S$^r$. de la Montagne et Charles , son frere , ont produit un ano-blissement concédé par le Roi Louis , en dé-cembre 1513, à Jean Tollemer , leur pere , pour 300 liv. par lui payées , jouxte la quittance. Le procureur du Roi a requis qu'ils vérifient être fils légitimes du dit Jean , ou qu'ils soient assis. V. le n°. 221.

## BRUCOURT.

217. Richard le Breton , dénommé noble , avoit été accusé de dérogeance , pour tenir à louage plusieurs herbages , et est mort depuis l'accusation ; néantmoins M$^e$. Vannes le Bre-ton , pour lui et ses freres en bas-age , et pour Marin , fils sous-age du dit Richard , a baillé généalogie de leur noblesse , et pour la justi-fication d'icelle , produit plusieurs lettres et écritures, dont la copie est demeurée au greffe.

## BOURGEAUVILLE.

218. Jean Georges, S$^r$. de Hieuville, a dit être descendu de noblesse ancienne, et que Guillaume Georges, son bisael, vivoit noblement en 1436, et étoit S$^r$. du dit lieu de Hieuville, à cause de damoiselle Jeanne Pigache, sa femme, selon qu'il a fait apparoir par plusieurs lettres et écritures justificatives de sa descente, dont la copie est demeurée au greffe. Le procureur du Roi a requis qu'il vérifie être fils légitime de . . . . Georges et de damoiselle Jeanne de Port, qu'il a dit être ses pere et mere, autrement qu'il soit assis.

219. Jean Lucas, S$^r$. de la Vallée, approché, a été, pour sa non comparence, mis en défaut vers le procureur du Roi, qui a requis qu'il soit assis.

## SAINT-PIERRE-AZIFS.

220. Marin, Jean, Guillaume, Charles et Jacques, dits d'Auge, S$^{rs}$. de Coursy et de Gonnoville, demeurants en ladite parroisse, ont dit être descendus de noblesse, et à cette fin ont baillé leur généalogie, commençante

à Richard d'Auge, l'un de leurs prédécesseurs, personne noble, vivant en 1376, et ont dit fournir leur descente depuis Durand d'Auge, leur bisayeul, qui épousa damoiselle Marguerite d'Ouville, dame du fief de Belleau ; joûte les lettres et écritures par eux produites, dont la copie est demurée au greffe ; la première desquelles, datée de l'an 1412, est sur le nom de Durand d'Auge. Voy. le n°. 186.

### D A N E S T A L.

221. Charles Tollemer a fourni en la paroisse de Branville , n°. 216.

222. Jacques le Breton a fourni en la paroisse de Caudemuche, n°. 254.

### T O U R G É V I L L E.

223. Jean de Récusson a fourni sa noblesse en la parroisse de Saint-Arnoul, n°. 214.

224. Jean de Varinieres, S^r. de Blainville et de la Poterie, pour justification de sa noblesse, a produit plusieurs lettres et écritures dont la copie est demeurée au greffe, par lesquelles il dit fournir sa descente de pere à fils,

depuis Robert de Varinieres, son antebisayeul, qui fut pere de Robert, son bisayeul, comme il le montre par une lettre de lots, passés aux assises de Caen, le 1ᵉʳ. février 1430.

## VAUVILLE.

\* 225. Richard du Pont-Audemer, Sʳ. de Blon-ville, a dit descendre de Jean du Pont-Audemer, vivant noblement, l'an 1400, lequel épousa damoiselle Robine Mauduit, dame du fief d'Es-guillon, assis au dit lieu de Blonville, joûte un acte ou mandement du 3 décembre 1515, faisant de ce mention, desquels il a dit fournir sa descente jusqu'au 5ᵉ. dégré par lui repre-senté, suivant les lettres et écritures par lui produites, dont la copie est demeurée au greffe. Les dites lettres veues par le procureur du Roi, il a requis qu'il vérifie être fils légitime de Guil-laume du Pont-Audemer, qu'il a dit être son pere, ou qu'il soit assis.

Robinet du Pont-Audemer, dénommé comme noble, a dit être noble bâtard de la dite maison de Blonville, dont il est serviteur, et que, à present, il ne se sert d'aucun privilége.

226. Girot de Grussey, pour justification de sa noblesse, a produit les lettres de février 1502,

par lesquelles Jean, son pere, fils naturel de
M^re. Pierre de Grussey, ch^er., Sg^r. de Champeaux, avoit été légitimé tant par le Pape que
par le Roi Louis. Mais comme par les dites
lettres de légitimation, il n'étoit permis au dit
Jean jouir du titre et privilege de noblesse,
le procureur du Roi a requis le dit Girot de
Grussey être assis.

* 227. Guillaume de Reauval a dit être issu
de noblesse ancienne, et, pour le justifier,
a produit un arrêt de la cour de nos sieurs
les généraux, donné à son entente, en l'an
1519, dont la copie est demeurée au greffe.

### DOUVILLE.

* 228. Jean de Trihan, S^r. du dit lieu de
Douville et de Bourgeauville, a dit être issu
de nobles progéniteurs, et a baillé sa généalogie, commençante à M^re. Nicolas de Trihan,
Sg^r. de Douville, son trisayeul, vivant en 1306,
joûte un *vidisse* de l'an 1418 et autres pièces
par lui produites. Après les avoir veues, le
procureur du Roi a requis qu'il soit contraint
vérifier sa descente par témoins de certain ou
par autres lettres et écritures, autrement qu'il
soit assis.

CRIQUEVILLE.

229. Charles de Lanoi, S$^r$. du lieu, a produit un anoblissement concédé en l'an 1467 à Benoist de Lanoi, son bisayeul, pour 200 liv. par lui payées, joûte la quittance ; duquel Benoit il a fourni être descendu ainsi que Robert de Lanoi, S$^r$. de Bray, et Laurent, S$^r$. de Clermont, ses cousins, par autres lettres et écritures, dont la copie est demeurée au greffe. V. le n°.

230. Richard le Large a produit un anoblissement à lui donné en octobre 1500 pour 500 liv. par lui payées, joûte la quittance.

231. Cosme de Loucelles a dit être procréé de noblesse ancienne et issu de Guillaume de Loucelles, vivant en 1419 et titré escuyer dans une lettre de la dite année, duquel il a dit fournir sa descente par ses écritures, dont la copie est demeurée au greffe. Non-obstant lesquelles le procureur du Roi a requis qu'il soit assis.

BARNEVILLE.

232. Imar et M$^e$. Guillaume, dits Gilain,

freres, ont baillé leur généalogie, et pour la justifier, ont produit un arrêt de la Cour, donné en 1523 à l'entente de Robert, leur pere, et même de deux de leurs freres qui avoient recueilli le procès ; duquel arrêt la copie est demeurée au greffe.

233. Robert de Cheux, S^r. de Hermanville, a produit plusieurs lettres et écritures dont la copie est demeurée au greffe, par lesquelles il a dit fournir sa descente de pere à fils de Pierre de Cheux, dont le nom et état de noblesse est justifié par la 1^re. desdites lettres, datée de l'an 1442, et en laquelle est mentionnée une autre lettre de 1415.

### SAINT-SAMSON.

234. Robert Mauvoisin a fourni l'état de sa noblesse avec Alexis Mauvoisin en la paroisse de Bonneville, n°. 284.

### SERGENTERIE DU PONT-L'ÉVÊQUE.

### SAINT-IMER.

235. Guillaume Goulaffre, S^r. de Gassart, et Jacques son frere, ont produit plusieurs lettres

et écritures, dont la copie est demeurée au greffe; par lesquelles ils ont dit fournir leur descente de Hue Goulaffre, sur le nom du quel est la 1^re. des dites lettres, donnée le 22 décembre 1341, par Jean, fils ainé du roi de France. Le procureur du Roi a requis les dits freres être contraints vérifier leur descente, ou qu'ils soient assis.

### LE HAM.

236. Robert de Courseule, et Robert son fils, ont baillé leur généalogie, commençante à Guillaume de Courseule, vivant en 1384, et nommé noble personne dans une lettre de la dite année, duquel ils disent fournir leur descente par autres lettres et ecritures, dont la copie est demeurée au greffe. V. le n°. 304.

### SAINT-JOUIN.

237. François et Adrien le Clamer, dénommés nobles, accusés de dérogeance pour marchandise de bœufs et vaches, jusqu'au nombre de 50 ou 60, ont confessé, que, pour peupler quelques herbages dont ils sont propriétaires, aux années passées et en l'an présent, ils ont acheté et fait acheter certain nombre de bêtes,

revendues à leur profit; mais ont soutenu, qu'ils
le pouvoient et devoient faire sur leur propre
héritage : néantmoins le procureur du Roi a
conclu, qu'ils soient assis, et pour justifier leur
noblesse, ont produit un arrêt de nos dits
sieurs les généraux, donné à leur profit, le
juillet 1539.

238. Jehan l'Abbé, sieur de Héroussart, a
fourni l'état de sa noblesse avec le S$^r$. de Saint-
Jean de Livet, en la parroisse de St.-Jean de
Livet, n°. 84.

239. M$^e$. Raoul Lucas a dit être éxempt par
privilége, comme l'un des messagers de l'Université de Caen, selon les lettres par lui produites dont la copie est demeurée au greffe.

* 240. Charles Saffrey a dit être issu de noblesse ancienne, et descendu de Pierre Saffrey,
son 6$^e$. ayeul, titré escuyer dans une lettre de
l'an 1387; et, pour justifier sa descente, il a
produit plusieurs autres lettres et écritures.
Après lesquelles veues, le procureur du Roi a
requis qu'il vérifie plus amplement sa descente, autrement qu'il soit assis.

BEUVRON.

241. François de Harcourt, baron de Beau-
fou

fou et de Beuvron, a dit, qu'il est de la famille et descente de feu monseigneur le comte.
de Harcourt, selon qu'il l'a fourni par la lettre
des partages faits, le 2 octobre 1374, entre
monseigneur le comte de Harcourt, et Philippes, son frère; duquel Philippes il a dit
être descendu par plusieurs dégrés, déclarés
en sa généalogie, et qu'il s'est submis vérifier
par lettres et témoins en temps et lieu.

242. Guillaume de Vieux a dit être procréé de noblesse ancienne, suivant la genéalogie
par lui baillée, commençante à Guillaume de
Vieux, vivant en 1474 avec Jean et Pierre, ses
fils, selon une lettre du samedi avant Noël 1474,
qui est le contrat du mariage de Tomasse, fille
du dit Guillaume avec Guillaume de la Cha-
pelle. ... et par autres lettres et écritures, dont
copie est demeurée au greffe, il a dit fournir
sa descente, fors de Me. Jean, son pere. Le procureur du Roi a requis, que la vérification en
soit faite, ou qu'il soit assis.

PUTOT.

243. Jean Mauvoisin a fourni avec Elie
Mauvoisin, en la parroisse de Bonnevile- sur-
Touque, no. 284.

DRUBEC.

244. Pierre de Cramesnil, dit Malet, S$^r$. du lieu de Drubec, Val-Semé, Argences, Taillanville, et Saint-Pierre Azifs, a dit être procréé et descendu d'ancienne noblesse dont il a baillé généalogie, commençante à messire Guillaume de Crasmesnil et dame Jeanne d'Ivetot, sa femme, mentionnés dans des lettres de l'an 1403, et a produit d'autres lettres et écritures pour fournir qu'il en était descendu. Le procureur du Roi a requis, le dit S$^r$. de Drubec être contraint vérifier sa descente, autrement qu'il soit assis.

245. Jean Mauvoisin a fourni en la parroisse de Bonneville-sur-Touque, n°. 284.

246. Jean Maillet, bastard, a dit avoir un privilège d'exemption, comme étant des ordonnances, et archer dans la compagnie du S$^r$. de Mouy, et, pour le justifier, a montré une lettre missive, du 30 aout 1539, qu'il a dit être signée du dit S$^r$. de Mouy, par laquelle il lui donne congé. Icelle veue par le procureur du Roi, il a requis que le dit Malet le justifiât par autres lettres et écritures

duement corroborées, ou à son refus qu'il fût
assis. V. le n°. 244.

VICTOT.

247. Michel Boutin, S<sup>r</sup>. du lieu, a dit être
descendu de Thomas Boutin, personne noble,
et tenant plusieurs terres nobles ; et , pour le
fournir, il a produit un acte du vicomte de
Vire, du 5 juin 1388, par lequel le dit Thomas fut témoigné noble, tant de pere que de
mere , par plusieurs personnes nobles dénommées au dit acte, et qu'il étoit apparu
au dit vicomte de plusieurs lettres et écritures
concernant la noblesse du dit Thomas ; lequel
épousa damoiselle Catherine de la Lande. Et
pour en fournir sa descente, il a produit plusieurs lettres et écritures, dont la copie est
demeurée au greffe. Néantmoins, le procureur du Roi a requis, qu'il vérifie sa descente, ou qu'il soit assis.

248. Ursin du Bois, S<sup>r</sup>. de la Ruche, et Thibaud, son frere, pour justification de leur noblesse, ont produit plusieurs lettres et écritures,
dont la 1<sup>re</sup>., datée du jeudi après la St.-Clair
1320, fait mention du mariage de Jean du Bois,
éc<sup>r</sup>., avec damoiselle Jeanne, fille de Henri des

Loges, éc[r]. Le procureur du Roi ayant vû les
dites écritures et généalogie , a requis vérification de leur descente, ou qu'ils soient assis.
V. le n°. 255.

## H O T O T.

249. Jean de la Haye , Sg[r]., vicomte et châ-
telain hérédital du dit lieu de Hotot, valet tran-
chant ordinaire du Roi, s'est presenté par Jean,
son frere , S[r]. d'Iberon , qui nous a remontré
qu'il a été convenu à son domicile, depuis son
partement, pour aller à la cour du Roi; et que
du depuis il n'avoit fait retour par deça ; à
cause de quoi il n'avoit connoissance du dit
ajournement ; et que lui S[r]. d'Iberon n'étoit
saisi des écritures concernant leur noblesse; se
soumettant , justement après le retour du dit
S[r]. de Hotot, son frere, obéir au vouloir et com-
mandement du Roi; nous requérant son excuse
être employée au present procès-verbal.

250. Jean le Gentil a fourni en la parroisse
de Piencour, vicomté d'Orbec, n°. 98.

251. Claude et Grégoire l'Abbé, Ives l'Abbé,
Nicolas l'Abbé, ont fourni avec les sieurs de
Héroussart , de St.-Jean de Livet et de Beaufy,
ainsi qu'il a été déclaré sur l'article et parroisse

de Saint-Jean de Livet, sergenterie de Moyaux, vicomté d'Orbec, n°. 84.

252. Sébastien du Fresnay, Marin le Chevalier et M°. Michel Herpin, dénommés comme nobles et éxempts à la fin du rôle, ont dit que ils ne se veulent aider du dit privilege de noblesse, ni autre éxemption, fors que, passés sont 20 ans, ils étoient, et sont encore à present serviteurs louatifs du dit seig<sup>r</sup>. de Hotot.

### SAINT-LEGER-DU-BOSC.

253. Jean et Christophe le Gras, freres, ont dit être extraits d'ancienne noblesse, joûte la généalogie par eux baillée, pour la justification de laquelle ils ont produit certain nombre de lettres et écritures, la 1<sup>re</sup>. desquelles, datée de 1455, est sur le nom de Philippes le Gras, qu'ils ont dit être leur ayeul; et, pourceque leur généalogie n'étoit suffisamment justifiée, le procureur du Roi a requis qu'ils soient assis.

### CAUDEMUCHE.

254. La veuve de Raoul le Breton, Jean le Breton, Jacques et maître Jean, ses fils, ont dit être issus de Guillaume le Breton, leur

ayeul, anobli par la charte des francs-fiefs,
à cause du fief du dit lieu de Caudemuche,
pour 20 liv. tournois par lui payées, joûte la
quittance signée Montfaut, et, pour fournir
leur descente, ils ont produit plusieurs lettres
et écritures, dont la copie est demeurée au
greffe. Le procureur du Roi a requis vérification être faite de leur descente, autrement
qu'ils soient assis. V. le n°. 222.

## RUMESNIL ET LES GROISELIERS.

255. Thibaud du Bois a fourni avec Ursin
du Bois, S^r. du Vieil-Conches en la parroisse
de Victot, de cette sergenterie, n°. 248.

## CLARBEC.

256. Jean de Hautemer, S^r. du Mesnil-Tison,
a fourni avec le S^r. de Fervaques, en la parroisse du dit lieu de Fervaques, vicomté d'Orbec, n°. 18.

257. Jacques de la Riviere a fourni avec le
S^r. du Prédauge, en la parroisse du dit lieu
du Prédauge, n°. 203.

## CAUCAINVILLIERS.

258. Guillaume de Bouquetot, S^r. du lieu,

a fourni avec les S<sup>rs</sup>. du Breuil et de Rabu, en la parroisse du dit lieu du Breuil, n°. 64.

259. Jean de la Lande, approché pour dire les causes de son éxemption, n'a comparu ; pour quoi le procureur du Roi a requis qu'il soit assis.

### BROCOTE.

260. Michel de la Riviere, S<sup>r</sup>. de Brocote, et Jacques, son frere, ont fourni avec le S<sup>r</sup>. du Prédauge, en la parroisse du Prédauge, n°. 203.

### DOSULEY.

261. Robert Vipart, S<sup>r</sup>. du dit lieu de Dosuley et de Silly, a fourni avec le S<sup>r</sup>. de Drumare, parroisse de Beaumont, sergenterie de Dive, n°. 211.

### CLERMONT.

262. Guillaume, Michel, Laurent et Thomas, dits de Lanoi, ont fourni avec les sieurs de Criqueville et de Bray, en la parroisse du dit lieu de Criqueville, n°. 229.

### BONNEBOSC.

* 263. M<sup>re</sup>. Jean d'Annebaud, accusé de dé-

rogeance, a confessé tenir à titre de fermage, pour 5 ans, par 85 liv. par an, des héritages de la damoiselle sa mere ; pour quoi le procureur du Roi a requis qu'il soit assis. V. le n°. 208.

264. Jean Rioult, S<sup>r</sup>. du Vaudoré, a baillé son extraction par huit dégrés, de perc à fils, en titres de noblesse, commençant à Jean Rioult, dit du Vaudoré, marié à damoiselle Helene du Vaudoré, à laquelle succéda la dite terre du Vaudoré, comme il appert par une lettre de lots de 1290, desquels il a dit fournir sa descente par autres lettres et écritures, dont la copie est demeurée au greffe.

### PONT-L'ÉVÊQUE.

265. M<sup>e</sup>. Robert le Perchey, procureur du Roi, a fourni un anoblissement, donné, en novembre 1518, à Aubert le Perchey, son pere, pour 200 liv. par lui payées, joûte la quittance.

266. M<sup>e</sup>. Thomas le Marchand, vicomte d'Auge, est absent de ce pays il y a longtemps ; et, pour ce qu'il n'y a résidence, n'a peu être poursuivi.

267. Guillaume le Jumel a fourni un ano-

blissement, donné en juillet 1509, à Hubert le Jumel, dont il s'est submis vérifier qu'il étoit le fils et héritier, pour 105 liv. par lui payées, joûte la quittance.

268. Louis Mauvoisin s'est aidé de semblables généalogie, lettres et écritures que Alexis Mauvoisin, sur la parroisse de Bonneville-sur-Touque, n°. 284.

* 269. M^e. Jean de Launay, médecin, a dit être noble, et néantmoins qu'il étoit des ordonnances sous la charge de M. le bailli de Rouen, et a baillé une généalogie sous son seing, et pour toute justification a produit un manuscrit donné en l'élection de Lisieux, par lequel les parroissiens de Launay avoient consenti qu'il fût vuidé du rôle du dit lieu de Launay ; et, pourceque cette vuide n'étoit suffisante, le procureur du Roi a requis qu'il soit assis.

### PIERREFITTE.

270. Jacques de Bétheville, S^r. de Héritot, Francois, son frere, et Girard, S^r. de la Cour du Bosc, leur neveu, ont baillé la déclaration de leur noblesse, commençant à M^re. Guillaume de Bétheville, ch^er., S^r. du lieu, vivant

noblement avec damoiselle Isabeau de Bigards, sa femme, suivant des lettres du dimanche des brandons 1330, desquels ils ont dit fournir leur descente, jouxte les lettres par eux produites, dont la copie est demeurée au greffe.

## SERGENTERIE DE TOUQUES.

### PARROISSE DE SAINT-MELAINE.

271. M<sup>e</sup>: Robert Thivel a été plusieurs fois approché aux fins de sa noblesse, ainsi qu'il apparoit par les relations de Jean Chauffer, sergent : néantmoins il ne s'est comparu ; pour ce, le procureur du Roi a requis qu'il soit suspendu de son privilege de noblesse, jusqu'à ce qu'il en ait fourni, et qu'il soit assis au profit du Roi.

RABU.

272. François de Bouquetot, S<sup>r</sup>. du lieu, a produit avec le S<sup>r</sup>. du Breuil, son neveu, sur la parroisse du dit lieu du Breuil, n°. 64.

### MANNEVILLE-LA-PIPART.

273. François du Mesnil, pour justification de sa noblesse, a produit plusieurs lettres et

écritures, dont la 1<sup>re</sup>. est du 1<sup>er</sup>. décembre 1406, par lesquelles il paroit que les du Mesnil, ses ancêtres, étoient titrés écuyers, et tenoient les fiefs de la Couyere. Le tout vû par le procureur du Roi, il a requis qu'il vérifiat sa descente, ou qu'autrement il fût assis.

274. Richard de la Porte, S<sup>r</sup>. de Nerval, a dit être noble, par privilége acquis aux francs-fiefs, en 1470, par Jean, son ayeul, qui y fût cotisé à 20 liv., joûte la quittance, signée Monfaut; duquel Jean il a dit fournir sa descente par autres lettres et écritures. Néantmoins, parcequ'il n'a fourni que le dit Jean fût, avant l'an 1470, propriétaire du fief noble, à cause duquel il peut avoir acquis la dite noblesse, le procureur du Roi a requis qu'il soit assis.

### ENGLESQUEVILLE.

275. Charles et Jean, dits des Scelliers, ont produit un anoblissement concédé par le Roi Louis, en janvier 1514, à Charles, leur ayeul, pour 300 liv., jouxte la quittance, et plusieurs autres lettres et écritures sur le nom de Jean des Scelliers, fils du dit Charles, et corroboratives du dit anoblissement. Le tout vû par le procureur du Roi, il a requis qu'ils vérifiassent

être issus en loyal mariage du dit Jean, fils du dit Charles, anobli, ou qu'ils fûssent assis.

276. Jean de Valeroi a dit être issu de noblesse ancienne, joûte la généalogie par lui baillée; pour laquelle justifier, il a produit plusieurs lettres et écritures, dont la 1$^{re}$., de l'an 1385, est sur le nom de Richard de Valeroi, qui y est titré écuyer, et les autres sont sur les noms de Jean, Colin et Thomas, dits de Valeroi; dont du tout copie est demeurée au greffe. Ce nonobstant, parcequ'il n'a suffisamment fourni sa descente, ni autrement justifié sa noblesse, le procureur du Roi a requis qu'il soit assis.

SAINT-ANDRÉ-DE-HÉBERTOT.

277. Olivier de Nollent, S$^r$. de Fatouville, et M$^e$. Roger de Nollent, sieur spirituel et temporel de Trouville, freres, ont produit plusieurs lettres et écritures, dont la copie est demeurée au greffe, qui justifient leur descente de Jean de Nollent, leur bisayeul, qui fut Sg$^r$. de Saint-Léger-sur-Bonnevile, et épousa damoiselle Marguerite de la Harusse, duquel Jean le nom et état de noblesse est justifié par la 1$^{re}$. des dites lettres, datée de l'an 1406. V. le n°. 319.

278. Jean de Sandret, Charles et Helie,

ses fils, ont dit avoir acquis le dégré de noblesse par les francs-fiefs, où Nicolas, son pere, avoit été taxé à 30 liv., comme tenant le fief de Toup, et deux portions de fief ou vavassories nobles, joûte la quittance du 18 mars 1471, signée : Montfaut, et la lettre des commissaires des dits francs-fiefs du 14 décembre 1472, et plusieurs autres lettres et écritures, dont la copie est demeurée au greffe. Le tout vû par le procureur du Roi, il a requis, que le dit Jean vérifiât être fils légitime du dit Nicolas, autrement qu'il fût assis.

## LE COUDRAY.

279. David du Mesnil, S$^r$. du lieu, a produit l'état de sa noblesse, sur la parroisse de Saint-Thomas de Touque, avec le S$^r$. de Lépinay, n°. 307.

## SAINT-MARTIN-AUX-CHARTRAINS.

280. Jacques du Mesnil, a produit un annoblissement, donné en mai 1485, à Pierre du Mesnil, qu'il a dit être son pere, pour 20 liv. t$^s$., par lui payées, joûte la quittance ; et il s'est submis vérifier être fils légitime du dit Pierre, anobli. Ainsi requis par le procureur du Roi.

## LES AUTIEUX-SUR-CALONNE.

*281. Christophe de Saint-Pierre, M<sup>e</sup>. Jean, son pere ; et Aubert, S<sup>r</sup>. de Noroles, son frere, ont produit des lots et autres écritures, dont la copie est demeurée au greffe, par lesquels ils ont dit justifier leur extraction de noblesse et descente par cinq degrés, depuis Jean de Saint-Pierre, seigneur de Noroles et de St.-Julien, vivant en 1360; le dit Christophe a été accusé de dérogeance, comme coutumier de achapter beufs et vaches, les engraisser dans ses herbages, et ensuite les revendre : et vû le rapport contre lui fait, a été requis qu'il soit assis. V. le n°. 289.

### SAINT-PIERRE-DE-TOUQUE.

282. Jean Carel, S<sup>r</sup>. de Meautrix et Jacques Carel, ont produit un arrêt de la Cour de nosseigneurs les généraux, donné, le 5 décembre 1538, à leur profit, sur le fait de leur noblesse, dont la copie est demeurée au greffe.

Elie Carel, demeurant à Saint-Thomas de Touque, s'est aidé de l'arrêt ci-dessus, et d'un semblable arrêt de la même cour, du 20 mars 1540, donné à l'entente de Henri Carel, qu'il a dit être son pere. Le procureur du Roi a requis qu'il vérifie sa descente, ou qu'il soit assis.

## BONNEVILLE - SUR - TOUQUE.

283. Jean et Jacques du Mesnil ont produit avec Guillaume, S$^r$. de Lespinay, leur frere aîné, sur la parroisse de St.-Thomas-de-Touque, n°. 307.

284. Alexis, et Elie Mauvoisin, Jean, leur frere, et Jean et Charles Mauvoisin, ont baillé leur généalogie, et, pour la justifier, ont produit plusieurs lettres et écritures à plein déclarées en icelle, et faisant mention des titres de noblesse de leurs prédécesseurs, à commencer à Richard Mauvoisin, nommé écuyer dans plusieurs des dites lettres, depuis l'an 1360.

Louis Meauvoisin, demeurant au Pont-l'Évêque, s'est présenté, et a dit s'aider de semblables généalogie, lettres et écritures, que les dessus dits, et a de plus produit un extrait des registres du 25 mars.... sur le nom et titre de noblesse de Jean son perc. Le tout veu, le procureur du Roi a requis que les dits Mauvoisin justifient leur descente, autrement qu'ils soient assis. V. les n$^{os}$. 234, 243, 268.

285. Melchior Borel a baillé sa généalogie avec le S<sup>r</sup>. de Manerbe, sur l'article et parroisse du dit lieu de Manerbe, n°. 199.

## CANAPEVILLE.

286. Pierre du Fossey S<sup>r</sup>. de Losiere, a produit un arrêt de la Cour, du 17 février 1516, par lequel Jean du Fossey fut déclaré noble à cause de la charte des francs-fiefs; et il a fourni être fils du dit Pierre par le traité de son mariage, en 1532, avec damoiselle Marie Pierre, dont la copie est demeurée au greffe.

## TOURVILLE.

287. Bertrand Eudes a fourni avec Jean, son frere aîné, sur la parroisse de Saint-Julien-sur-Calonne. n°. 288.

## SAINT-JULIEN-SUR-CALONNE.

288. Jean Eudes, S<sup>r</sup>. de Tourville, Philibert et Bertrand, ses frères, ont produit un anoblissement, donné à Pierre Eudes, leur père, pour 500 liv. joûte la quittance, dont la copie est demeurée au greffe.

289. Antoine de Saint-Pierre s'est aidé de semblables

semblables généalogie, lettres et écritures, que Christophe de St.-Pierre et ses frères, en la parroisse des Authieux, n°. 281.

## LE MESNIL-SUR-BLANGY.

290. Messire François de Dreux, chevalier, et Jean, son frere, ont baillé la déclaration de leur généalogie et descente, par laquelle ils ont déclaré être de l'hoirie de Louis le Gros, Roi de France, où il régnoit en l'an 1110, lequel eut entre autres fils Robert, comte de Dreux; duquel Robert ils ont dit être descendus par un grand nombre de dégrés, pour la justification desquels ils s'en rapportent aux chroniques, généalogies et histoires de France, et aussi aux lettres et traités de mariage qui étoient dans la maison de deffunct Nicolas de Dreux, Vidame d'Esneval; et encore s'est aidé de la lettre du partage entre feu son frere et ses oncles, du 17 janvier 1492, de laquelle la copie est demeurée au greffe.

## SURVILLE.

291. Messire Elie du Mont, chevalier, Sr. du dit lieu de Surville, la Hueniere, Fourquette, la Mote, Glanville, Saint-Julien-sur-Calonne et Asseville, pour justifier son extraction de no-

blesse ancienne, joûte le contenu en sa généalogie, a produit plusieurs lettres et écritures, dont la copie est demeurée au greffe, par lesquelles il a dit faire probation suffisante de sa descente depuis Jean du Mont, son bisayeul, Sg^r. des dites terres du Mont et de la Hueniere, qui épousa damoiselle Jeanne . . . . , fille du du S^r. de Bellegarde et de Harouville. L'une des dites lettres, faisant mention de ce mariage, est de l'an 1383, une autre est de 1387. V. le n°. 206.

## LE VIEIL-BOURG.

292. Pierre de Cormeilles a dit être descendu de noblesse ancienne, dont il a baillé généalogie ; pour laquelle justifier, il a produit plusieurs lettres et écritures ; dans la 1^re. desquelles, du 14 juin 1396, Guillaume, Bureau, Ymar et Jean, dits de Cormeilles, freres, se titrent escuyers, fils et héritiers de Richard, éc^r., pannetier du Roi. Le procureur du Roi a requis qu'il fût contraint vérifier sa descente, autrement qu'il fût assis.

## SERGENTERIE DE HONFLEUR.

293. Jean des Marais, S^r. du dit lieu, a déclaré être descendu de noblesse ancienne, joûte

sa généalogie; et toutesfois n'a fourni par lettres que depuis Guillaume des Marais, qu'il a dit être son ayeul par son traité de mariage du 8 juillet 1476, avec damoiselle Robine Michel, fille de Pierre Michel; et s'est excusé de ne fournir plus outre, sur ce que Elie le Bouteiller, nagueres son tuteur, étoit encore saisi des lettres et écritures concernant sa noblesse. Néantmoins le procureur du Roi a requis qu'il soit assis.

294. Jean, Guillaume et Pierre, dits le Goueslier, freres, et Pierre, leur cousin, ont dit être nobles, comme descendus de Jean le Goueslier, qui, à cause du fief de Bétheville, par lui acquis en 1469, fut anobli par la charte des francs-fiefs, comme ayant été cotisé par les commissaires, le 5 septembre 1471, à 100 liv. par lui payées, joûte la quittance, signée Montfaut. Le tout communiqué au procureur du Roi, il a requis qu'ils vérifient leur descente ou qu'ils soient assis.

### VILLERVILLE.

295. Robert Grente, S<sup>r</sup>. du lieu (Villerville), pour lui et Elie, son frere, pour justifier leur généalogie et descente de cinq dégrés, ont pro-

duit plusieurs lettres et écritures, dont la copie est demeurée au greffe ; la premiere desquelles, datée de l'an 1402, contient, comme dès l'an 1391, Jean Grente, leur antebisayeul, étoit tenant la dite terre de Villerville, et, à cause d'icelle, avoit plusieurs droits, franchises et libertés en la forèt de Touques. Le procureur du Roi a requis la vérification de leur descente ou qu'ils soient assis.

### PENNEDEPIE.

296. Les héritiers de Pierre Nollent n'ont été aucunement approchés, parcequ'il n'est notoire de leur demeure, et ne sçait-on s'ils sont en âge.

297. Louis Naguet a fourni avec son frere, en la ville de Honfleur, n°. 312.

### HENNEQUEVILLE.

298. Girot Gobin, S$^r$. de Fréville, a baillé par écrit sa généalogie et extraction de noblesse, et a montré plusieurs lettres, tant sur son nom que sur le nom de Robert Gobin, son pere ; et pourcequ'elles ne suffisoient pas pour la justifier, il nous a presenté une commission

donnée en là chancellerie du Roi, pour être reçu à justifier par témoins la dite généalogie ; sur quoi il est demeuré en procès vers le procureur du Roi.

## SAINT-GRATIEN.

299. Elie Grieu et Me. Jean, son frere, ont produit l'anoblissement concédé en avril 1467 à Gilles Grieu, leur ayeul, pour, trente écus d'or, par lui payés, joûte la quittance, et si ont produit un arrêt de la cour, du    décembre 1484, au profit de Jean, leur pere, sur le fait de sa noblesse ; duquel Jean ils ont dit fournir leur descente. V. le n°. 53.

300. Richard et Guillaume Poilvilain, pour justifier leur généalogie, commençante à Guillaume Poilvilain, leur             , vivant en l'an 1369, ont produit plusieurs lettres et écritures, où les dits Poilvilain sont titrés écuyers. Le procureur du Roi a requis qu'ils soient contraints vérifier plus amplement leur descente, ou qu'ils soient assis.

## ESQUEMEAUVILLE.

301. Jean le Cerf, Sr. du lieu, a produit

un anoblissement, donné en février 1449, à Pierre le Cerf, son ayeul, pour 40 écus d'or, par lui payés ; duquel il a dit fournir sa descente par lettres et écritures, dont la copie est demeurée au greffe.

## LE TEIL.

302. Guillaume Apparot, S<sup>r</sup>. de Sainte-Marie, a dit être éxempt de toutes aides, tailles et subsides, tant à raison de son ancienne noblesse, que parcequ'il étoit archer de la garde du corps du Roi ; et, pour preuve de sa dite noblesse, il a produit plusieurs lettres et écritures, la 1<sup>re</sup>. desquelles est sur le nom de Geufin Apparot, qu'il a dit être son         . Le procureur du Roi a requis qu'il vérifie plus amplement sa noblesse, et aussi son institution en la dite charge d'archer, ou qu'il soit assis.

### FOURNEVILLE.

303. Jacques d'Astin, S<sup>r</sup>. du Tailllis, a dit n'avoir eu connaissance de nôtre commission, jusques à n'aguercs qu'il avoit été ajourné ; et qu'il étoit descendu d'ancienne noblesse, et de la maison de Villeraye, dont Baltasar d'Astin, son cousin, étoit seigneur, lequel avoit baillé

l'état de sa noblesse devant les élus d'Ecouis où il étoit demeurant et comme ainé étoit saisi des chartes, lettres, et écritures, concernant leur noblesse; disant qu'il s'aidoit de semblables généalogie, lettres et écritures, dont il produiroit les originaux ou copie d'iceux duement approuvées en temps et lieu. Nonobstant iaquelle soumission, le procureur du Roi a equis qu'il soit assis, comme n'ayant fourni l'état de sa noblesse.

## GONNEVILLE-SUR-HONFLEUR.

304. Gilles de Courseulles, S$^r$. du lieu et d'Ailly, a baillé par déclaration son extraction de noblesse, commençant à Guillaume de Courseule, écuyer, S$^r$. du Ham et du dit lieu d'Ailly, pere de Jacques, qui épousa damoiselle Susanne de Courcy, selon le traité produit de leur mariage de l'an 1348; et a aussi produit plusieurs autres lettres et écritures qu'il a dit justifier sa descente de pere à fils, avec titre d'écuyer, jusqu'à Christophe, dont il s'est submis vérifier qu'il étoit le fils. V. le n°. 236.

305. François Feron, S$^r$. de Prestreville, a baillé sa généalogie, et état de sa noblesse, depuis Jean Feron, écuyer, S$^r$. du dit lieu de

Prestreville, qui épousa damoiselle Robine de la Boillye, fille de Marc de la Boillye, suivant le traité de leur mariage de l'an 1392, qu'il a baillé avec plusieurs autres Lettres et écritures, dont la copie est demeurée au greffe. Et le procureur du Roi a requis, que le dit Feron vérifie plus amplement sa descente, ou qu'il soit assis.

306. Jacques le Boucher, S<sup>r</sup>. de Heautre, a baillé sa généalogie et état de noblesse, commençant à Regnault le Boucher, son Sg<sup>r</sup>. du dit lieu de Heautre, duquel il a dit fournir sa descente par plusieurs lettres et écritures, par lui produites, dont la copie est demeurée au greffe, la 1<sup>re</sup>. desquelles, sur le nom du dit Regnault, et datée du décembre 1309, est produite par un *vidisse* de l'an 1480, d'autre *vidisse* de l'an 1399, où sont insérées les droitures que le dit Regnault avoit eu la Forêt de Touques à cause de son dit fief de Heautre.

### SAINT-THOMAS-DE-TOUQUES.

307. Guillaume du Mesnil, S<sup>r</sup>. de Lépinay, Jean et Jacques, ses freres, et David du Mesnil, S<sup>r</sup>. du Couldray, leur cousin, ont dit être procréés de noblesse ancienne, suivant la généalogie par eux baillée; pour laquelle justifier,

ils ont produit plusieurs lettres et écritures, dont la copie est demeurée au greffe; desquelles la plus ancienne, datée de 1406, est le traité du mariage de Jean du Mesnil, écuyer, S$^r$. du Couldray, avec damoiselle Guillemette d'Aufresne, fille de messire Jean d'Aufresne, chevalier, seigneur de St.-Cloud, et les autres justifient leur descente du dit Jean. Le procureur du Roi a requis qu'ils vérifient leur dite descente, ou qu'ils soient assis. V. les n$^{os}$. 279, 283.

308. Pierre le Chevalier a produit l'anoblissement à lui concédé en juin 1523, par le Roi, pour 400 liv., joûte la quittance, dont la copie est demeurée au greffe.

309. Charles Deuve a produit une lettre d'anoblissement, concédé sans finance en mars 1469, à Jean Deuve son ayeul, dont la copie est demeurée au greffe. Et il a voulu prouver sa descente du dit Jean. Ainsi requis par le procureur du Roi, ou qu'il soit assis.

310. Ce n°. est compris dans le n°. 282.

BARNEVILLE LA BERTRAN.

311. Guillaume le Paulmier, S$^r$. de Meautry

et de Saint-Nicole, a baillé une déclaration de sa descente, qu'il ne justifie par lettres que depuis Richard, son pere, vivant en 1496. Et la dite justification n'étant suffisante, le procureur du Roi a requis qu'il soit assis.

## LA VILLE DE HONNEFLEU.

312. Adrien et Louis, dit Naguet, ont produit l'anoblissement donné en février 1522, à Jacques, leur pere, pour 800 liv., joûte la quittance. V. le n°. 297.

313. Thomas de Villers, sénéchal de Beuzeville, a baillé par déclaration son extraction de noblesse par plusieurs dégrés ; mais pour ce qu'il ne l'a pas justifiée par lettres, le procureur du Roi a requis qu'il soit débouté du dit privilege, avec défenses pour l'avenir de s'intituler écuyer.

314. Jean le Danois, S$^r$. du Desert.

315. Claude le Bouquetier, grennetier de Honnefleu.

316. Nicolas du Bois, contrôleur des deniers communs du dit Honnefleu.

317. Martin Chambon.

318. Robert de St.-Martin, S$^r$. de Bailleur. David de St.-Martin.

Tous titrés et nommés écuyers, ont été plusieurs fois convenus pour déclarer leur privilege, et toutefois n'ont aucune chose baillé ni fourni. Pour quoi le procureur du Roi a requis, qu'ils soient privés du dit privilége, avec deffense pour l'avenir de soi intituler écuyers.

319. M$^e$. Robert de Nollent a dit être de noblesse ancienne, et s'est aidé des généalogie, lettres et écritures que Olivier de Nollent, S$^r$. de Fatouville, son parent, a baillées sur la parroisse de St.-Benoît-de-Hebertot, de cette vicomté d'Auge, et en outre a produit le traité du mariage de Pierre, son pere, avec damoiselle Marie de Thieuville, fille du S$^r$. de la Houssaye, avec d'autres lettres et écritures, dont la copie est demeurée au greffe. V. le n°. 277.

320. Silvestre Billes a produit un anoblissement à lui accordé par le Roi, au mois de juillet dernier, sans aucune finance; lesquelles lettres toutefois n'étoient encore registrées à la Chambre des comptes.

* 321. Pierre de Brecé, maréchal et lieutenant

en la capitainerie du dit Honnefleu, a dit être noble de toute ancienneté, et sorti de la maison de Brecé, en Picardie, et qu'il s'aidoit des généalogie, lettres et écritures que Jean, S$^r$. de Pierrefitte et du Plaisir, son frere aîné, avoit fournies devant les Élus du dit pays de Picardie, où il résidoit, et qu'à present il ne pouvoit fournir les dites chartes et écritures, concernant leur maison, dont étoit saisi le dit Jean, à cause de la longueur du voyage et des empêchemens qui le retenoient presentement au dit lieu de Honnefleu.

### LA RIVIERE DE HONNEFLEU.

322. Hébert Gohorel, dénommé comme noble à la fin du dit rôle, n'a été aucunement oui, parce qu'il n'a pu être aucunement découvert.

## VICOMTÉ DU PONT-AUDEMER.

### SERGENTERIE DU MESNIL.

#### PARROISSE DE BERVILLE-SUR-MER.

323. Laurent Houel a baillé sa généalogie, et, pour la justifier, a produit un arrêt de la

cœur de nos dits S<sup>rs</sup>. les généraux, du 24 mars 1483, donné à l'entente de Jean Houel, qu'il a dit être son ayeul, dont la copie est demeurée au greffe. Le procureur du Roi a requis qu'il vérifie sa descente ou qu'il soit assis.

324. Guillaume de Tournetot et Robert, son fils, ont produit l'anoblissement concédé à Jean, ayeul du dit Guillaume, en mars 1474, pour 3o liv., joûte la quittance et un arrêt donné en l'an 1481, en la cour de nos sieurs les généraux, à l'entente de Jean, fils du dit Jean de Tournetot, anobli, sur le fait de sa noblesse, et ont voulu justifier qu'ils en étoient descendus. Ainsi requis par le procureur du Roi ou qu'ils soient assis.

### SAINT-PIERRE-DU-CHASTEL.

325. Guillaume de Gaillon, S<sup>r</sup>. du Vauroui, a dit être procréé de noblesse, et pour toute chose a baillé une généalogie en papier, et, pour son refus de la justifier, le procureur du Roi a requis qu'il soit assis.

### TOUTAINVILLE.

* 326. Jean le Bienvenu, S<sup>r</sup>. de la Fontaine,

M^e. Nicolas, son frere, et M^e. Jean, leur oncle, Jean, S^r. de la Mote, et Guillaume, son frere, ont baillé ensemble leur généalogie, commençante à Guillaume le Bien-Venu, anobli par la charte des francs-fiefs, comme tenant le fief de             , moyennant 60 liv. tournois, pour ce par lui payées, jouxte la quittance, dont la copie est demeurée au greffe. Le procureur du Roi a requis qu'ils vérifient leur descente, autrement qu'ils soient assis. V. les n^os. 364, 382.

327. Jean Gueuvier a baillé par déclaration son extraction de noblesse, et, pour la fournir, a produit une lettre de l'an 1419, sur le nom de François Gueuvier, un de ses ancêtres, qui y est titré écuyer, et a produit d'autres lettres pour fournir sa descente. Le procureur du Roi a requis qu'il vérifie la dite descente ou qu'il soit assis.

### SAINT-MACLOU-LA-CAMPAGNE.

328. Philippes Néel, dénommé noble à la fin du rôle, a dit être extrait d'ancienne noblesse, dont il a baillé sa généalogie et déclaration de sa descente. Mais parcequ'il ne l'a aucunement justifiée, le procureur du Roi a requis le dit Philippes Néel être assis.

## BEUSEVILLE.

329. Michel, Jean et Guillaume, dits Nollent, demeurants en la dite parroisse, et Jacques
et Louis, dits Nollent, ont produit un anoblissement donné en février 1474 à Jean Nollent, leur ancêtre, pour 40 écus par lui payés ;
duquel ils ont voulu vérifier leur descente par les
dégrés déclarés en leur généalogie. Ainsi requis
par le procureur du Roi, ou qu'ils soient assis.

330. Jean Toutsage s'est aidé de semblables
généalogie, lettres et écritures que Roger Toutsage, sur la parroisse de Genneville, en cette
sergenterie, n°. 338.

* 331. Robert Magnart, S'. de Culassis, a
dit être de noblesse ancienne, joûte sa généalogie, commençant à Pierre Magnart, qu'il a
dit être son bisayeul, titré écuyer dans deux
actes de 1398, qu'il a produits, avec plusieurs
autres lettres, dont la copie est demeurée au
greffe. Le procureur du Roi a requis que, pour
n'avoir suffisamment fourni son tiltre de noblesse, il soit assis.

* 332. Robert de Beaumouchel, S'. de Bla-

mare et de Vieteuve, et Nicolas, son fils, combien qu'ils ne fussent dénommés à la fin du
rôle, ont baillé leur généalogie; pour laquelle
justifier, ils ont produit plusieurs lettres et
écritures, dont la 1<sup>re</sup>., datée de l'an . . . ,
est sur le nom de Henri de Beaumonchel, escuyer; et par les autres, ils ont dit avoir suffisamment fourni leur descente du dit Henri.

## ESCAINVILLE.

333. Jannequin Farouet, pour lui et pour
son pere, a produit, 1°. l'anoblissement donné
en mai 1471 à Hamon Farouet, son ayeul, pour
50 liv. tournois par lui payées; 2°. un arrêt
de la Cour, du 27 novembre dernier, sur le
fait de sa noblesse, desquels la copie est demeurée au greffe.

## QUETTEVILLE.

334. Elie le Grand, S<sup>r</sup>. des Gruaux, Richard,
S<sup>r</sup>. de Quetteville, Colas et Jacques, dits le
Grand, ont dit être nobles d'ancienneté, dont
ils ont baillé leur généalogie, commençante à
Tassin le Grand, duquel ils ont dit fournir leur
descente suffisamment par un arrêt du Parlement de Rouen de l'an 1518, qu'ils ont dit

être

être justificatif de leur généalogie, et par des missives, lettres et écritures par eux produites, dont la copie est demeurée au greffe.

### FOULBEC.

335. Jean de Betteville, dénommé noble à la fin du rôle, a été plusieurs fois convenu pour déclarer les causes de son éxemption, et a été representé pour défaillant. Pourquoi le procureur du Roi a requis qu'il soit assis.

### TRIQUEVILLE.

336. Jacques du Buisson, S<sup>r</sup>. de Granduel, a produit un extrait des registres de la Chambre des comptes à Paris, du 18 septembre 1540, contenant comme Jean du Buisson, son ayeul, avoit été anobli en 1480, avec plusieurs lettres et écritures, pour fournir sa descente du dit Jean, dont la copie est demeurée au greffe. Le procureur du Roi, vu qu'il n'apparoissoit de l'original du dit anoblissement, et qu'il ne connoissoit le dit extrait pour véritable, a requis le dit du Buisson être assis.

### GENNEVILLE.

337. Robert Langlois, pour justifier sa no-

blesse, fondée sur la charte des francs-fiefs, a produit un arrêt de nos dits sieurs les généraux, donné à son entente le 28 janvier 1519.

338. Roger Toutsage, pour justifier sa noblesse, fondée sur la charte des francs-fiefs, a produit un arrêt de la cour des dits généraux, donné à l'entente de Pierre, son pere, le 20 février 1519. V. le n°. 330.

### VANÉCROQ.

339. M<sup>e</sup>. Jean Restaut s'est aidé de semblables généalogie, lettres et écritures que le S<sup>r</sup>. de Caligny, sur la parroisse de Formanville, n°. 342.

### ABLON.

340. Louis le Doyen, S<sup>r</sup>. du dit lieu d'Ablon, a été plusieurs fois approché pour bailler sa généalogie et déclarer les causes de son éxemption, et néantmoins n'a icelle fournie; pour quoi le procureur du Roi a requis qu'il fût suspendu de son privilege et assis au profit du Roi.

### MANNEVILLE-LA-RAULT.

341. Jacques Callaye, pour justification de

sa noblesse et de l'extraction dont il a dit être descendu, a produit plusieurs lettres et écritures, dont la 1<sup>re</sup>. est sur le nom de Jean Callaye, qu'il a dit être son bisayeul, et datée de l'an 1400. Le procureur du Roi a requis qu'il vérifie plus amplement ou qu'il soit assis.

## FORMANVILLE.

\* 342. Pierre Restaut, S<sup>r</sup>. de Caligny, et M<sup>e</sup>. Jean Restaut ont baillé une généalogie, pour laquelle justifier, ils ont produit plusieurs attestations faites devant tabellions, en l'an 1..40, comme plusieurs personnes dénommées en icelles étoient nobles; et néantmoins, pourceque les dites attestations n'étoient suffisantes, le procureur du Roi a requis qu'ils soient assis. V. le n°. 339.

### LE TEIL.

\* 343. Jean d'Escailles, S<sup>r</sup>. du Bosc-Thenné, a baillé sa généalogie et descente depuis Robert d'Escailles, son bisayeul, duquel il a fait apparoir par lettre, comme, en 1397, il avoit fait foi et hommage au Roi de 10 liv. tournois de rente qu'il avoit droit de prendre sur la recette du Pont-Audemer, et a produit plusieurs autres lettres et écritures par lesquelles il a dit sa descente être suffisamment fournie, dont du tout la copie est demeurée au greffe.

344. Jacques de Livaye, S<sup>r</sup>. du lieu, a produit plusieurs lettres et écritures, dont la copie est demeurée au greffe, par lesquelles il a dit fournir sa descente depuis Robert de Livaye, S<sup>r</sup>. du Quesnay; la 1<sup>re</sup>. desquelles lettres est du 22 mars 1428. Le tout veu, le procureur du Roi a requis qu'il soit assis.

### FATOUVILLE.

345. La damoiselle, veuve de Brice le Terrier, a été plusieurs fois approchée et representée pour défaillante; pour quoi le procureur du Roi a requis qu'elle soit assise.

346. Durand de Thieuville, S<sup>r</sup>. de la Houssaye, pour lui et la damoiselle sa mere, pour justifier sa généalogie, a produit plusieurs lettres et écritures, dont la copie est demeurée au greffe; dont la 1<sup>re</sup>., datée de l'an 1296, fait mention du mariage de Jean de Thieuville, écuyer, avec damoiselle Jeanne de Manneville, fille de Messire Guillaume de Manneville, ch<sup>er</sup>.; et par les autres, il a dit avoir fourni sa descente depuis son bisayeul.

## TONNETHUIT.

\* 347. Roger de Quetteville, S'. du dit lieu de Tonnethuit, a baillé une généalogie de sa descente ; et, pour la justifier, a produit une sentence des Élûs de Lisieux du 16 février 1431, par laquelle Jean de Quetteville, un de ses prédécesseurs, fut déclaré noble. Le procureur du Roi a requis qu'il vérifie plus amplement sa descente ou qu'il soit assis.

## SAINT-SIMEON.

348. Guillaume, Pierre et Charles, dits de la Briere, ont dit être procédés et descendus d'ancienne noblesse, selon la généalogie par eux baillée, commençante à Jean, leur bisayeul ; et, pour la justifier, ils ont produit plusieurs lettres et écritures, dont la copie est demeurée au greffe. Le procureur du Roi a requis qu'ils soient assis, pour n'avoir suffisamment justifié la dite noblesse.

## SAINT-MARTIN-LE-VIEUX.

349. Nicolas, Jacques, M<sup>e</sup>. Guillaume et Benoist, dits Bissot, ont dit que Robin Bissot,

leur ayeul, avoit été anobli par la charte des francs-fiefs, à cause du fief de Tenney, assis à St.-Martin-du-Val, pour 30 liv. tournois, par lui payées, joûte la quittance. Le procureur du Roi a requis qu'ils vérifient leur descente ou qu'ils soient assis.

## TOURVILLE-SUR-PONT-AUDEMER.

350. Jean d'Escambourg, S$^r$. du lieu, a dit être personne noble, et en a baillé généalogie, commençante à Jean d'Escambour, éc$^r$., vivant en 1399; duquel il entend avoir justifié sa descente jusqu'au 5$^e$. dégré par lui representé, par les lettres et écritures par lui produïtes, dont la copie est demeurée au greffe.

351. Robert d'Angerville a baillé sa généalogie avec Guillaume, son pere, en la ville du Pont-Audemer, n°. 362.

## CONDÉ-SUR-RISLE.

352. Jean et Louis, dits Poisson, et un autre Jean Poisson, pour justifier la généalogie par eux baillée de leur extraction de noblesse, commençante à Guillaume Poisson, vivant en 1308, ont produit plusieurs lettres et écritures, dont

la copie est demeurée au greffe. Le procureur du Roi a requis qu'ils vérifient leur descente ou qu'ils soient assis. V. 381.

### SAINT-PAUL-SUR-RISLE.

353. Eustache, Guillaume et François de Malortie ont baillé avec le S<sup>r</sup>. de Campigny, en la parroisse du dit lieu de Campigny, n°. 358.

354. Jean Mahiel a baillé une généalogie et extraction de noblesse, commençante à Robert Mahiel, qualifié éc<sup>r</sup>. par lettres devant tabellions, de l'an 1398 ; et, pour justifier sa descente, a fourni plusieurs lettres et écritures, dont la copie est demeurée au greffe ; offrant encore vérifier plus amplement sa descente, si besoin est. Ainsi requis par le procureur du Roi, ou autrement qu'il soit assis.

355. Guillaume Cuillier s'est aidé des généalogie, lettres et écritures produites par le S<sup>r</sup>. de Cheffreville, en la dite parroisse de Cheffreville ; et, pour fournir sa descente, a produit une lettre de lots, dont la copie est demeurée au greffe. V. le n°. 61.

356. La veuve de Paoul Eschallard, et ses

enfans, dénommés éxempts, a dit que le dit
Paul étoit noble; qu'elle entendoit tenir sa viduité, et qu'elle ne pouvoit, quant à present,
rien fournir. Pour quoi le procureur du Roi
a requis qu'elle soit assise.

357. Pierre Litassis, enrôlé au rôle de taille
à *nihil*. Les parroissiens ont dit que, contraints
par les gentilshommes, demeurant en la dite
parroisse, ils n'avoient osé l'asseoir à somme
de deniers. Pour quoi le procureur du Roi a
requis qu'il soit assis à somme à lui portable,
nonobstant la généalogie par lui baillée, qu'il
n'a suffisamment justifiée par lettres.

### CAMPIGNY.

358. Jean Malortie, S$^r$. du lieu de Campigny,
et Eustache, Guillaume et François Malortie,
ont baillé leur généalogie et extraction de noblesse, et ont dit être descendus de M$^{re}$. Richard Malortie, Alias Baynel ou Baivel, et de
dame Marie l'Empereur, son épouse, qualifiés
nobles personnes dans une commission donnée
en 1462 par Louis, daufin de Viennois, fils
ainé du Roi de France; et, pour en fournir
leur descente, ils ont produit plusieurs autres
lettres et écritures. Le procureur du Roi a re-

quis vérification être faite de leur descente, ou
qu'ils soient assis. V. le n°. 353.

359. Jean le Gras, S<sup>r</sup>. de Bigards, a produit
un arrêt de la cour de nos dits S<sup>rs</sup>. les généraux, donné en 1518 au profit de Robert, son
pere , sur le fait de sa noblesse , et a voulu
prouver être fils légitime du dit Robert.

### LA VILLE DU PONT-AUDEMER.

360. M<sup>e</sup>. Jean Ernoult est décédé depuis son
approchement ; néantmoins Jean , son fils , a
baillé une généalogie commençante à Guillaume
Ernoult ; et , pourceque par les lettres qu'il a
produites , sa dite généalogie n'étoit suffisamment justifiée , et aussi qu'elle ne seroit com-
mencée en date que depuis le temps des francs-
fiefs , le procureur du Roi a requis qu'il soit
débouté du dit privilege de noblesse, avec défenses pour l'avenir de se nommer écuyer.

361. Maistre Robin et Nicolas, dits le Fort,
ont dit être nobles au moyen de la charte des
francs-fiefs, comme issus de Robert le Fort,
leur ayeul, qui fut annobli par la dite charte,
comme tenant le fief de Litetot, par la somme
de 40 liv. t<sup>s</sup>., par lui payées. Le procureur du

Roi a requis, qu'ils vérifient leur descente du
dit Robert, annobli, autrement qu'ils soient
assis.

362. Guillaume d'Angerville, S<sup>r</sup>. de Tourville, et Robert, son fils, ont baillé leur généalogie, commençante à Robert, S<sup>r</sup>. de Grain-
ville, qui, par traité du 18 avril 1396, épousa
damoiselle Marguerite de Thonneville, fille de
messire Jean de Thonneville, chevalier, S<sup>r</sup>. du
lieu, desquels ils ont dit fournir leur descente,
de pere à fils, par lettres et écritures dont la
copie est demeurée au greffe. V. le n°. 351.

363. M<sup>e</sup>. Jean et Nicolas d'Ellebeuf ont dit être
issus de noblesse ancienne, joûte la généalogie
par eux baillée, commençante à Jean d'Ellebeuf, S<sup>r</sup>. de Fourmetot, qui en 1420, se titroit écuyer, joûte plusieurs lettres et écritures
par eux produites, par lesquelles ils ont dit
leur descente du dit Jean être suffisamment
fournie au titre d'écuyer.

364. Nicolas et Jean le Bien-Venu ont fourni
en la parroisse de Toutainville, article et nu-
mero 326.

365. Thomas Boullien, pour justifier être

noble d'ancienneté, a baillé sa généalogie, commençante à Guillaume Boullien, qui épousa damoiselle Lucette de Guergoussate, comme il l'a montré par une lettre de lots, faits, en 1437, de la succession de ladite de Guergoussate, par lesquels le fief de Vironey demeure à Guillaume Boulien, écuyer, leur fils; duquel il a dit fournir sa descente par autres lettres et écritures dont la copie est demeurée au greffe.

366. Jacques Mauduit a produit un extrait des registres de l'élection de Rouen; et qu'il s'y est aidé, pour justifier sa noblesse, de deux arrêts de nos dits seigneurs les généraux : et, pour fournir sa descente, il a produit une lettre de lots dont la copie est demeurée au greffe.

367. M<sup>e</sup>. Guillaume le Nepveu a baillé en l'élection de Rouen, avec Michel, son frere, sa généalogie, par laquelle il prétend avoir satisfait à sa noblesse; et si a produit deux pièces, dont la copie est demeurée au greffe, pour montrer qu'il est frere du dit Michel, et fils de Jean, eux se titrants écuyers.

368. Guillaume et Jacques du Quesney ont

produit une copie, signée par le greffier de l'élection de Rouen, de la généalogie qu'y ont produite Jean, leur pere, et un autre Jean du Quesney, sieur de Brotonne : et, pour fournir leur descente, ils ont produit plusieurs lettres et écritures, dont la copie est demeurée au greffe.

369. Nicolas et Pierre, dits Camboult, ont dit être nobles par la charte des francs-fiefs, comme issus de Guillaume Camboult, qui y fut taxé à 20 liv., comme teuant le fief de Cagette, assis au Mouchel, joûte les lettres des commissaires et la quittance du paiement, dont copie est demeurée au greffe; et se sont submis vérifier leur descente. Ainsi requis par le procureur du Roi, ou que autrement ils soient déboutés de leur privilége.

370. Jacques du Bosc a dit être noble d'ancienneté, joûte sa généalogie, commençante à Guillaume du Bosc, Sr. de Tendos, nommé écuyer par une lettre, de l'an 1406, du Roi Charles; duquel il a dit fournir sa descente par autres lettres et écritures, dont la copie est demeurée au greffe.

371. François Fortin a été plusieurs fois ap-

proché, et pour sa non comparence, mis en défaut: pourquoi, le procureur du Roi a requis, qu'il soit privé de son privilége.

## SERGENTERIE D'ESPAGNE ( *aujourd'hui on prononce* ÉPAGNE. )

### PAROISSE D'ESPAGNE.

372. Jacques de la Mare, S$^r$. du Teil, pour justifier sa noblesse, joûte sa généalogie, commençante à Colas de la Mare, S$^r$. du dit lieu du Teil, vivant en 1379, son ancêtre, a produit plusieurs lettres et écritures dont la copie est demeurée au greffe. Mais, parceque, par icelle lettre le dit Colas, dont il prend son origine, n'est point titré écuyer, et que les autres pièces produites ne sont approbatives de la dite noblesse, le procureur du Roi a requis qu'il soit assis.

### LA POTERIE-MATHIEU.

373. Jean de Livet a fourni avec autres de ce nom en la parroisse de Saint-Gervais-d'Asnieres, n°. 74.

374. Pierre, Antoine, et Adrien de la Hous-

saye , ont fourni avec autres de ce nom , en la parroisse de Nouars, n°. 138.

### PARROISSE DE SAINT-LÉGER SUR BONNEVILLE.

375. Pierre Costard, S$^r$. du dit lieu de St.-Léger, a baillé sa généalogie et extraction de noblesse; et, pour la justifier, a produit plusieurs lettres et écritures, dont la 1$^{re}$., datée de 1439, est la lettre du mariage de Jean Costard, écuyer, avec damoiselle Marguerite l'Abbé, fille d'Estienne l'Abbé, écuyer, et les autres sont pour fournir sa descente du dit Jean. Le tout veu par le procureur du Roi , il a requis vérification être faite de sa dite descente , ou qu'il soit assis.

### SAINT GRÉGOIRE.

* 376. Pierre de Coursery, S$^r$. des Loges, combien qu'il ait les chartes de l'anoblissement de son bisayeul par les francs-fiefs, où il fût taxé à 89 liv. pour son fief de Mesnil-Simon, a produit plusieurs autres lettres et écritures , dont copie est demeurée au greffe, dans la 1$^{re}$. desquelles , datée de 1398,          Roi Cour-

sery qu'il a dit être un de ses ancêtres, est titré écuyer. Le procureur du Roi a requis qu'il vérifie sa descente, ou qu'il soit assis.

### SAINT-GEORGES DE VIÈVRE.

377. Isaac le Sens, S<sup>r</sup>. de Launay est mort depuis son approchement. Néantmoins il avoit baillé sa généalogie et descente par plusieurs dégrés ; et, pour la justifier, avoit produit plusieurs *vidisse* de lettres et enseignemens, dont la copie est demeurée au greffe ; la 1<sup>er</sup>. desquelles, datée du 3 juillet 1386, est contenu au 1<sup>er</sup>. *vidisse*, et est sur le nom de Louis le Sens, un de ses prédécesseurs, qui y est titré écuyer.

### SAINT-JEAN DE LA LECQUERAYE.

378. Antoine Gastel, S<sup>r</sup>. de Vitry, pour lui, et pour Michel, et ses autres freres, a baillé sa généalogie, depuis son bisayeul, Nicolas Gastel, qui épousa damoiselle Isabeau de Bonneboscq ; et, pour la justifier, a produit plusieurs lettres et écritures, et entr'autres une sentence, de l'an 1481, des commissaires des francs-fiefs, par laquelle Jean Gastel, un de ses ancêtres, est déchargé de la cotisation aux

dits francs-fiefs, comme ayant été trouvé personne noble.

## SAINT-ESTIENNE.

379. M<sup>e</sup>. Pierre, André, et Jean, dits de Morsent, freres, pour justifier leur noblesse ancienne, ont produit plusieurs lettres et écritures, dont copie est demeurée au greffe. Mathieu de Morsent, qu'ils ont dit être leur prédécesseur, vivant en 1365, est titré écuyer dans la 1<sup>re</sup>. des dites lettres; et par les autres, ils entendent avoir fourni suffisamment leur descente et extraction de noblesse, depuis Jean, leur bisayeul, seigneur de la Chaussellerie, qu'ils tiennent encore à droit successif.

* 380. Guillaume de Bertheville, S<sup>r</sup>. de la Cuverie, a particulierement déclaré être procédé de noblesse ancienne, jouxte sa généalogie, commençante à Jean de Bertheville, vivant en 1389, le 11 novembre, selon une lettre d'appointement devant tabellions, par lui produite, avec autres lettres et écritures qu'il a dit prouver sa descente de Jacques de Berteville autre de ses ancêtres; et a offert vérifier ces choses. Ainsi requis par le procureur du Roi, ou qu'il soit assis.

### SAINT-CHRISTOPHE-SUR-CONDÉ.

381. Jean Poisson, dénommé comme noble à la fin du rôle, a fourni, avec autres de ce nom, sur la parroisse de Condé-sur-Risle, n°. 352.

### SAINT-PHILIBERT-SUR-RISLE.

582. Jean et Guillaume, dits le Bien-venu, ont fourni avec autres de leur nom, sur la parroisse de Toutainville, n°. 326.

### LA CHAPELLE-BECQUET.

383. Jean de Mainbeville, S$^r$. du dit lieu et de Launay, pour justifier sa noblesse, dont il a baillé généalogie, a produit plusieurs lettres et écritures, dont la copie est demeurée au greffe. Par la 1$^{re}$. d'icelles, datée de l'an 1389, Jean de Mainbeville écuyer, qu'il a dit être un de ses prédécesseurs, donne 100 sols tournois de rente aux religieux des Clairets en l'évêché de Chartres. Et par les autres lettres, il a dit fournir suffisamment sa descente.

Il faut remarquer, que, quoiqu'on ait écrit à la marge de plusieurs articles : *condamné,* cela n'est que suivant la conclusion du procureur du Roi, et non par jugement définitif.

Toutes lesquelles pièces et écritures, ci-devant induites et produites par les personnes contenues en cette présente recherche, ont été veues et délibérées, présence du procureur du Roi, qui a requis, que les conclusions, requestes et protestations par lui faites sur chacun article de nostre proceds, soient employées, pour y être pourveu, ainsi qu'il appartiendra par raison : ce que nous lui avons accordé; et, à son instance, icelles requestes et conclusions mises et couchées sur chacun d'iceux articles, ainsi qu'il est par ci-devant déclaré.

## TABLE ALPHABÉTIQUE

*De plusieurs choses remarquables contenues dans la Recherche des Nobles par les Elus de Lisieux, en 1540.*

---

*Bâtards.* Les bâtards des nobles, même légitimés, n'étoient plus, comme autrefois, réputés nobles, si le Roi ne les avoit expressément anoblis. V. les art. Gouvis et Grussey, n°s. 109, 226. Cependant de la Roque, en son Traité de la Noblesse, Rouen, 1710, chap. 38, p. 161, dit que Guillaume Maunoury du Tremblay, bâtard du Mont de la Vigne, ayant été approché l'an 1540, par Guillaume Preudhomme, général des finances en Normandie, et par les trois élus de Lisieux, le procureur du Roi présent, pour rendre raison du titre de noblesse qu'il prétendoit, il fut déclaré noble.

*Canapeville.* La baronnie et paroisse de Canapeville, en la vicomté d'Orbec, appartenoit à l'évêque de Lisieux. Droits de cette baronnie, n°. 36.

*Défaillants.* Le procureur du Roi concluoit toujours à ce qu'ils fussent assis à la taille : cependant leur privilége n'étoit que suspendu, jusqu'à ce qu'ils se fussent présentés et eussent satisfait. N°. 340.

*Dérogeance. Dérogeance des prêtres.* Ils dérogeoient, en étant fermiers. N°s. 8, 13, 32, 34, 60. Ils ne dé-

rogeoient pas , lorsque , à cause des dîmes qu'ils tenoient à ferme , ils étoient tenus à célébrer quelque
service religieux. N^os. 8 , 60.

Un prêtre noble est accusé de dérogeance , parce qu'il
tenoit à ferme des terres de sa mère. N°. 263.

Les nobles dérogeoient en tenant à ferme des droits
de coutume , n°. 168 ; des terres , etc. Le procureur du
Roi prétendoit qu'ils dérogeoient , en achetant du bétail
pour l'engraisser dans leurs propres herbages et le revendre ensuite avec profit ; mais les nobles soutenoient
pouvoir le faire sans déroger. N^os. 32 , 237 , 281.

*Exempts.* Ils ne devoient pas prendre les titres et
qualités des nobles. N^os. 152 , 161. Etoient exempts des
tailles les gardes-du-corps du Roi , les officiers et les
commensaux de sa maison. N^os. 67 , 302.

Ceux qui servoient dans les compagnies d'ordonnance.
N^os. 151 , 152 , 161.

Certains officiers de l'université de Caen. N^os. 112 ,
239.

Les prêtres. V. au mot *dérogeance.*

*Francs-fiefs.* Tout anoblissement par les francs-fiefs
étoit fondé sur la charte générale des francs-fiefs du 5
nov. 1470. Mais pour en profiter , chaque anobli devoit
obtenir une charte spéciale , et remplir certaines condi-
tions marquées dans les n^os. 136 , 145 , 274 , 278.

*Mansel.* Sur la noblesse de cette famille , v. le n°. 95.

*Messire.* On qualifioit ainsi les chevaliers , et aussi les
simples prêtres. Les prêtres gradués avoient le titre de
maître. N^os. 8 , 13 , 32 , 34 , 35 , 60 , 86 , 210 , 290 ,
*et passim.*

*Mineurs d'ans.* Ils n'étoient pas ponrsuivis pour justifier leur noblesse. N<sup>os</sup>. 41 : 296. Cependant leurs tuteurs la justifioient souvent pour eux. N<sup>os</sup>. 91, 164.

*Noblesse de race ou d'extraction.* V. au mot *preuve.*

*Nom et armes d'une seigneurie.* Le nouvel acquéreur d'une seigneurie n'avoit pas droit d'en prendre le nom et les armes. N<sup>o</sup>. 70.

*Ordonnances du Roi.* Ceux qui y servoient étoient exempts des tailles. V. au mot *exempts.*

*Prêtres, exempts des tailles.* V. le mot *exempts.*

*Preuve de noblesse de race.* Elle devoit remonter jusqu'au bisaïeul inclusivement, et au-delà de cent ans. N<sup>os</sup>. 7, 22, 27, 42, 51, 87, 198, 200, 253, 360.

Lorsque la noblesse de la famille étoit notoire, et la preuve d'ailleurs régulière, on l'admettoit, quoiqu'elle ne remontât pas tout à fait à cent ans. N<sup>os</sup>. 101, 110, 139 *.* 179, 185, 196. La noblesse de race devoit être prouvée par titres. Cependant, lorsque la noblesse étoit notoire, le procureur du Roi consentoit quelquefois à ce qu'on suppléât par témoins à ce qui manquoit à la preuve littérale. N<sup>os</sup>. 72, 200.

De droit commun, pour être admis à la preuve testimoniale, il falloit y être autorisé par lettres spéciales du Roi, adressées aux juges, qui ne devoient en faire jouir l'impétrant qu'après avoir vérifié l'exposé sur lequel il les avoit obtenues. N<sup>os</sup>. 54, 72, 151, 200, 298. Voyez aussi, sur la preuve de la noblesse de race, les n<sup>os</sup>. 80, 82, 189, 198.

*Privilége.* Le privilége étoit pour les nobles, et diffé-roit de l'exemption dont jouissaient les non-nobles , qui exerçoient ou possédoient certains offices , charges ou emplois. Voyez le mot *exempt.*

*Saint-Paul-sur-Rîle.* Les nobles du lieu y empêchent par menaces les habitans d'imposer à la taille un homme qui devoit la payer. N°. 357.

*Université de Caen.* V. les n$^{os}$. 112 , 239.

# NOTES

*Sur plusieurs articles de la Recherche des Nobles par les Elus de Lisieux, en 1540.*

Le numéro qui précède chaque note est celui de l'article auquel elle se rapporte.

3. Malemoine. La lacune de notre exemplaire est remplie dans celui de Cairon par le mot Couvert.

29. Du Rouil. L'ex. de Cairon porte trisaïeul au lieu de bisaïeul.

42. D'Orbec. La lacune de notre exemplaire est remplie dans celui de Cairon par le mot Gasse.

84. Labbey. Leur article paroîtra plus clair à l'aide de la note suivante :

I. Colin Labbey, écuyer du connétable Du Guesclin

II. Raoul Labbey, vivant en 1371.

III. Etienne, † 1452.

IV. Jacques, † 1497.

V. Jean, † 1518.   V. Robert.   V. Guillaume.

VI. Jean 2, produisant. VI. Etienne, produis. VI Jacques, prod.

Tous les Labbey demeurants à Hotot, article 251, étoient petits-fils de Nicolas 3, impétrant de l'arrêt de 1470, lequel étoit fils de Pierre, fils de Colin 2, fils aîné de Raoul Labbey, ci-dessus.

Voyez sur la filiation des Labbey la Recherche de
Montfaut. Caen, 1818, in-8°., p. 97.

110. Des Hayes. Le mot aîné nous est fourni par l'ex.
de Cairon.

129. Filleul. Les descendans de ce Guillaume furent
maintenus en 1667, par de Marle, intendant d'Alençon, à la Foletiere et à la Chapelle-Gautier, él. de
Bernay.

131. Le Bottey. Le Robert de cet article a été nommé
Guillaume sous l'art. 88.

137. Malortie. Il y a ici erreur : 130 ans ne peuvent
pas contenir huit degrés. Ces Malortie ne sont pas dans
Montfaut. Ils portoient : d'or, à la croix ancrée de
gueules, etc. ; et ceux que Montfaut trouva nobles à
Saint-Paul-sur-Rîle, ont dans leur écu des fers de flèche
ou de javelot.

144. De Clinchamp. Jean étoit, en 1540, président
ce l'élect. de Lisieux.

148. Hally. On les retrouve sous le nom de de Halley
lans la Recherche de la généralité d'Alençon, en 1667,
)ar de Marle, dans les élections de Bernay, Domfront
et Lisieux.

167. Bouchard. Cette date 1482 me semble fausse. Si
c'eût été la véritable date, le procureur du Roi auroit
trouvé la preuve insuffisante. Peut-être faudrait-il lire ici
1382.

187. De Chantelou. Ce Raoul s'étoit établi à Mon-

treuil, lorsqu'il fut devenu veuf de la mère de Gilles Baignart, seigneur de la Roque. Il étoit vraisemblablement de la noble maison des Chantelou du Bocage, mais il ne le prouvoit pas. Ses descendans continuèrent de vivre noblement et de se porter pour nobles. Néanmoins, en 1668, la Galissonnière, intendant de Rouen, suivant à la rigueur ses instructions, les condamna, audit lieu de Montreuil, comme usurpateurs, parce que apparemment ils ne produisoient pas de titres antérieurs audit Raoul, qui, en 1540, n'avoit pas été trouvé noble, et que d'ailleurs ils n'avoient ni services militaires, ni possession de fiefs. Voyez de la Roque, Traité de la noblesse. Rouen, 1710, in-4°., p. 577.

200. De Brezay. Au lieu de Brezay, l'ex. de de Liée-Belleau porte de Bressey.

203. De la Rivière. Ce Jean de la Rivière, S$^r$. du Prédauge et des Autieux-sur-Corbon en 1307, étoit le 7$^e$. aïeul dudit Charles, produisant en 1540, et le 12$^e$. aïeul de François-Charles-Alexandre, comte de la Rivière-Prédauge, mon voisin et ami, suivant les titres authentiques que j'ai vus au Prédauge en 1786.

207. De Tilly. Gabriel de Tilly étoit bâtard de Jacques de Harcourt, baron de Beuvron, qui lui donna le nom de son aïeule Jeanne de Tilly, comme on le voit dans l'Histoire de la maison d'Harcourt, p. 1548.

208. D'Annebaud. Ce Guillaume demeuroit à Grengues. Il se dit fils de feu Nicolas, fils de feu Jean d'Annebaud, écuyer, s$^r$. de Bonnebosc, dans sa déclaration du fief de Bonnebosc, du 15 septembre 1540, copiée dans le registre des déclarations des fiefs du vicomté d'Auge ; manuscrit en vélin, au château de la Roque.

210. Douessey. Les mots que nous avons enfermés entre deux crochets se lisent dans la ligne précédente ; et nous croyons que le copiste les a répétés ici par erreur.

225. Du Pont-Audemer. Cette maison, portant : de gueules, au lion d'or, passant sur un pont d'argent, sortoit vraisemblablement de la même souche que celle de Harcourt. Voyez l'Hist. de la maison de Harcourt, p. 38, 39.

La Chesnaye des Bois, Dict. de la Noblesse, in-4°., t. 11, p. 417, lui consacre un court article, où il a placé plusieurs sujets de ce nom, et entr'autres, Jean du Pont-Audemer, chevalier, vivant en 1453; Drouet, plaidant à l'échiquier, en 1463 ; lesquels apparemment, non plus que l'ancêtre de notre Richard, Sʳ. de Blonville, ne demeuroient dans aucunes des paroisses où Montfaut fit sa recherche, puisque ce nom de Pont-Audemer n'y paroît pas.

227. Réauval. Nous préférons Réauval à Renouval, que porte l'exemplaire de de Lice-Belleau.

228. De Trihan. Dans la généalogie que nous avons de cette famille, qui portoit : de gueules, à la face vivrée d'hermines, Nicolas, vivant en 1306, est l'aïeul de Jean, trouvé noble par Montfaut en 1463, et l'on ne voit entr'eux que Flambard de Trihan, dont nous n'avons aucune date précise. Je présume donc ici l'omission d'un ou deux degrés, et qu'on n'aura fait qu'un sujet de deux ou trois sujets du même nom, qui se seront immédiatement suivis : erreur assez fréquente, et dont je pourrois citer plusieurs exemples.

240. Saffrey. Au lieu de sixième aïeul, l'exemplaire

de Cairon porte ici bisaïeul, qui ne cadre pas mieux avec la date de 1387. Les Saffrey sont d'ancienne noblesse, quand même leur noblesse auroit pour principe la charte latine d'août 1358, par laquelle Charles, dauphin, fils du roi Jean, anoblit ou rétablit dans sa noblesse Pierre Saffrey. Cette charte est citée par de la Roque, Traité de la Noblesse, chap. 28, et par dom Carpentier, supplément au Glossaire de du Cange, t. 3, p. 31. La généalogie des Saffrey, dressée, vers le milieu du 17ᵉ. siècle, par Gédéon du Pré-le-Jay, Sʳ. de Kaerdaniel, mérite peu de confiance, au moins pour les degrés antérieurs au 15ᵉ. siècle. Il est remarquable qu'on ne les voit pas dans la Recherche de 1463, par Montfaut, quoiqu'alors ils demeurassent vraisemblablement à Vimont, près Caen.

263. D'Annebaud. Ce Jean d'Annebaud, demeurant à Bonnebosc, étoit très-vraisemblablement de la maison des seigneurs de Bonnebosc. Sa qualité de Messire annonce qu'il étoit prêtre. S'il avoit été chevalier, on n'eût pas manqué de l'exprimer.

269. De Launay. La lacune de cet article est remplie dans l'ex. de Cairon par le mot manuscrit.

281. De Saint-Pierre. A Robert, que porte l'ex. de Cairon, nous préférons Aubert, nom plus rare en Normandie, et que les copistes n'auroient probablement pas admis, s'ils ne l'eussent pas vu bien distinctement écrit.

321. De Brécé. L'ex. de Cairon porte du Plessis, et celui de de Lyée, du Plaisir.

326. Bien-Venu. La lacune de notre exemplaire est

remplie dans celui de Cairon par le mot Laucote, qui me paroît suspect.

331. Magnart. La lacune de notre exemplaire est remplie dans celui de Cairon par le mot Culassis.

332. De Beaumouchel. La lacune de notre exemplaire est remplie dans celui de Cairon par la date 1473; mais il y a sans doute erreur, puisque si la production de Robert n'eût atteint que cette époque, le procureur du Roi l'eût trouvée insuffisante, et aurait requis qu'il fût assis.

342. Restaut. L'ex. de Cairon porte ici 1340; mais le second chiffre de cette date me paroît douteux.

343. D'Escailles. Le nom de cette famille est écrit d'Escalles dans l'Armorial de Chevillard, et dans les exemplaires que j'ai vus de la Recherche de la Galissonière à Rouen, en 1668.

347. De Quetteville. La date 1431, portée par l'ex. de Cairon, est en blanc dans le nôtre.

376. Coursery. Quoiqu'on lise Coureroy dans les ex. de Cairon et de Liée, j'estime la vraie leçon être Courseri. Michel de Coursery, demeurant au Quesne, tout près Mesnil-Simon, sergenterie de Cambremer, fut renvoyé par Montfaut en 1463.

380. De Berteville. Article complété et corrigé sur l'ex. de Cairon. Montfaut renvoya Philippes de Berteville à Foullebec, sergent. du Mesnil.

*Explication des abréviations employées dans la Table suivante.*

| | |
|---|---|
| m. n. | marque les familles que Montfaut trouva nobles en 1463. |
| m. r. | les familles que Montfaut renvoya comme non-nobles. |
| n. a., *ou* a. n. | les familles de noblesse ancienne. |
| n. r. | les familles qui prouvèrent une noblesse de race. |
| arrêt. | celles qui produisirent les arrêts qui les avoient jugées nobles. |
| an. | celles qui produisirent un anoblissement. |
| pr. ins. | celles dont la preuve de leur noblesse parut insuffisante. |
| cond. | ceux qui furent condamnés comme non-nobles. |
| déf. | ceux qui firent défaut, et ne se présentèrent pas. |
| ff. | les familles anoblies par la charte des francs-fiefs. |

# TABLE ALPHABÉTIQUE

*Des noms des familles contenues dans la Recherche des Nobles de l'élection de Lisieux, en 1540.*

Les chiffres qui suivent un nom indiquent les articles du texte appartenants à ce nom.

Entre les articles concernant une famille, on a placé le premier celui qui contient sa production.

Le

Le Doyen. m. n. , déf. 340.

Douessey. n. a. 210.

De Dreux. maison royale. 290.

Duard. élect. d'Argentan. 165.

D'Ellebeuf. n. a. 363.

D'Emery. m. n. 213.

Aux Espaules. n. a. , déf. 140.

Eschallard. ne produit rien. 356.

Esnault. en procès. 162.

Ernoult. pr. ins. , cond. 360.

D'Escaille. pr. ins. 80.

D'Escailles, ou d'Escalles. n. r. 343.

D'Escambourg. n. a. 350.

Eudes. an. 287 , 288.

Farouet. an. 333.

De Fatouville. pr. ins. 87.

Feron. m. n. 305.

Le Fevre. pr. ins. 104.

Filleul. an. 85. 129.

Flambard. an. 182 , 65 , 184.

Le Fort. ff. 361.

Fortin. pr. ins. 142 ; déf. 371.

De la Fosse. an. 177 ; n. a. 195.

Fossey , ou du Fossé. m. r. , ff. 286.

De Franqueville. m. n. 43 , 101.

De Gaillon. m. n. , ne prod. rien. 325.

De Galet. ne produit rien. 67.

Gastel. m. r. , n. r. , sentence. 378.

Gédoin. ne prod. rien. 6.

Le Gentil. n. r. 98. 250.

Labbey. n. a. 84, 125, 238, 251.

Lainé. ne prod. rien. 71.

De la Lande. m. n. 49, 121 ; déf. 259.

Langlois. ff. 337.

De Lannoi. an. 229, 262.

Le Large. an. 230.

De Launay. pr. ins. 269.

De Liée. m. n. 15, 58.

Litassis. cond. 357.

Livaye. pr. ins. 344.

De Livet. n. a. 74, 143, 149, 373.

Loïs. m. n. 123.

De Longchamp. m. n. 75.

Loresse. *Voyez* Maintenon.

De Loucelles. n. a., pr. ins. 231.

Le Loureux. arrêt. 4.

Lucas. déf. 219; roturier. 239.


Magnart. pr. ins. 331.

Mahiel. m. n. 354.

Maillart. n. a. 205.

Maillet. an. 23.

De Mailloc. m. n. 26, 63.

De Mainbeville. m. n. 383.

De Maintenon. n. a. 70.

De Malemoine. arrêt. 3.

Malherbe. n. a. 53.

Malet. n. a. 244 ; bâtard. 246.

Malortie. à la croix ancrée, n. a. 137.

Malortie. au chevron, m. n., 353, 358.

Mansel. ff. 95.

Des Marais. pr. ins. 293.

Le Marchand. absent. 266.

# DEUX REMARQUES,

1°. *Sur la rapide extinction des familles nobles ;*

2°. *Sur la faculté de s'anoblir soi-même.*

La table ci-dessus , p. 154 , nous montre , en 1540 , dans l'élection de Lisieux, environ 215 familles nobles, c'est-à-dire 93 plus que Montfaut n'y en avait trouvé en 1463. La comparaison de cette noblesse aux deux époques pourrait donner lieu à plusieurs remarques , mais nous nous bornons à celles qui sont annoncées ci-dessus : la rapide extinction des familles nobles , et la faculté, ou , si l'on veut, la possibilité subsistante encore de s'anoblir soi-même , sans lettres du prince.

Montfaut trouva , en 1463 , dans l'él. de Lisieux, 122 familles nobles , marquées dans sa Recherche , dont 74 reparoissent comme telles , en 1540 , devant les Elus. Voyez-en la liste , p. 165.

11 ou 12 autres familles , quoiqu'elles n'y paroissent pas , n'en existoient pas moins , puisqu'on les retrouve , même en 1666, soit dans la postérité de ceux qu'avoit maintenus Montfaut, soit dans d'autres branches , savoir , dans l'élection de Bernay, les d'Aureville, de Baucancey, de Bonneville , Boshenri , le Comte, de Louvigny ; dans l'él. de Conches , les de Lombelon, de Morteaux ; dans celle d'Alençon , les de Barville ; dans celle de Lisieux, les Mannoury, les le Conte ; dans celle de Verneuil , les Saint-Aubin ; et dans celle de Gisors , les de Montenay. Restent donc 37 familles qui sont présumées s'être éteintes entre 1463 et 1540. Voyez-en la liste, p. 166.

Il est néanmoins assez probable que, de ces 37 familles, il en existoit quelques-unes en 1540 ; et même il est possible qu'il en existe encore aujourd'hui ; mais il demeure toujours constant que, des 122 familles nobles existantes en 1463 dans l'él. de Lisieux, plus du quart se sera éteint en 77 ans.

Venons à la faculté, ou, si l'on veut, à la possibilité de s'anoblir, sans lettres du prince. Elle se conclut de l'état de la noblesse en 1540 dans l'él. de Lisieux, où l'on comptoit alors 215 familles nobles, et 93 plus qu'en 1463, du temps de Montfaut.

De ces 215 familles nous faisons cinq classes :

La première contient 74 familles, déjà nobles dans Montfaut. Voyez-en la liste, p. 165.

La deuxième contient 11 familles renvoyées par Montfaut, et qui paroissent comme d'ancienne noblesse en 1540. Voyez-en la liste, p. 167.

La troisième contient 56 familles anoblies entre 1463 et 1540. Voyez-en la liste, p. 167.

La quatrième contient 39 familles de noblesse ancienne, étrangères aux deux classes qui partagent la Recherche de Montfaut. Voyez-en la liste, p. 168.

Ces quatre classes ensemble contiennent 180 familles, qui, retranchées des 215 trouvées nobles en 1540, il restera 35 familles qui sont présumées s'être anoblies elles-mêmes ; et ces 35 familles, il les faut prendre dans les 45 familles nobles de race, d'abord dans les 24 qui prouvèrent bien leur noblesse ; et les 11 autres, on les choisira entre les 21 familles dont le procureur du Roi jugea la preuve insuffisante. Voyez les deux listes de ces familles, p. 169.

LES 73 FAMILLES *trouvées nobles dans l'élection de Li-sieux , par Montfaut en* 1463 *, et par les Elus en* 1540.

D'Annebaud.

D'Angerville.

D'Anisy.

D'Auge.

Baignart.

De Bailleul.

Baratte.

Baudri.

De Belleau.

De Bellemare.

De Betteville.

De Bigards.

Bonnechose.

Borel.

De Bouquetot.

De Brevedent.

Carel.

Le Cerf. Anobli en 1449.

Des Chesnes.

De Clinchamp.

Collet.

Cuillier.

Le Doyen.

D'Emery.

Féron.

De Franqueville.

De Gaillon.

Goulafre.

Le Grand.

Grente.

De Harcourt.

De Hautemer.

De Hémery. *Voy.* D'Emery.

De la Lande.

De Liée.

Loïs.

De Long-Champ.

Mahiel.

De Mailloc.

De Mainbeville.

Malortie.

De la Mare.

De Martinville.

Du Mesnil.

Le Mire.

Du Mont.

Le Muet.

Néel.

De Neuville.

De Nollent.

D'Orbec.

Osmont.

De la Planche.

Poilvilain.

Poisson.

De Pontfol.

Du Quesney.

De Querville.

De Quetteville.

De Recusson.

Rioult.

De la Riviere.

Du Rouil.

De Rupierre.

De Saint-Ouen.

De Saint-Pierre.

Le Sec.

De Thieuville.

De Tournebu.

Toustain.

De Trihan.

Du Val.

Du Vieu.

Vipart.

35 *familles, nobles dans Montfaut, et qui sont présumées s'être éteintes avant* 1540.

D'Asnieres.

Basin.

Baudriot.

De Beufville.

De Bienfaite.

De Boissey.

Brun.

Campion.

De la Chaule, ou Ceaule.

Chef de Caux, ou Quief de Caux.

De Claire.

De la Cordelle.

Du Couldrey.

Du Douet.

Eustache.

De Farci.

Le Forestier.

Fouquet.

De Fourneaux.

Gosset.

De Grandouet.

De Graterville.

Guérin.

Gueroult.

Haye.

De Heudreville.

Le Maisonnet.

De Mery.

Pouchin.

Rufaut.

De Ségrie.

De Silly.

De Survie.

De Vaudoré.

Vitard.

11 *familles que Montfaut n'avait pas jugées nobles , et qui prouvèrent bien leur noblesse , en* 1540 *, devant les Élus.*

| | |
|---|---|
| L'Abbé , ou Labbey. | Dandel. |
| De Beaumoncel. | Gastel. |
| De Berteville. | Houel. |
| Du Bosc. | Le Roi. |
| Le Bouteiller. | Tiesse. |
| Le Clamer. | |

56 *familles anoblies entre les années* 1463 *et* 1540 *, et* 1°. *les anoblis par la charte générale des francs-fiefs du* 5 *novembre* 1470 *, au nombre de* 23.

| | |
|---|---|
| L'Anglois. | Michel. |
| Le Bienvenu. | Parcy. |
| Bissot. | Le Pelletier. |
| Le Bottey. | De la Porte. |
| Le Boucher. | Sandret. |
| Des Boulets. | Thibout. |
| Le Breton. | Tout-Sage. |
| Cambout. | *Les* 33 *suivans furent anoblis* |
| Chanu. | *par lettres.* |
| Coursery. | Anfrey, ou Aufrey. |
| Le Fort. | Billes. |
| Fossé, ou Du Fossé. | Le Buictier. |
| Le Goueslier. | Du Buisson. |
| Le Gouez. | Des Celliers. |
| Gruel. | Le Chevalier. |
| Hardi. | Deuve. |
| Mancel. | Eudes. |

Farouet.

Le Filleul.

Flambart.

De la Fosse.

Grieu.

Hally, depuis Du Halley.

Hauvel.

Hédiart.

Le Jumel.

De Lanoï.

Le Large.

Maillet.

Mauclerc.

Du Mesnil.

Naguet.

Nollent.

Paisant.

Le Perchey.

Pierre.

Le Roux.

Le Sauvage.

De Tilly.

Tollemer.

De Tournctot.

Le Valois.

38 *familles, dont Montfaut ne fait aucune mention, qui comparurent devant les Elus en 1540, et qui paroissent être de noblesse ancienne.*

D'Aché.

D'Astin.

Du Bois.

Le Boucher.

De Boulogne.

Boutin.

De Brécé.

De Brézé.

De Cheux.

De Cintrey.

De Clercy.

De Cordey.

De Cormeille.

De Courseulle.

Douessey.

De Dreux.

Gilain.

De Goustimesnil.

De Gouvis.

Grenot.

De la Haye.

De la Houssaye.

De Livet.

De Loucelles.

Maillart.

De Maintenon, ou Loresse.

Malherbe.

Malet.

Malortie, à la croix an- Saffrey.
 crée. De Trousseauville.
Mauvoisin. De Valeroi.
De Morsan. De Varinieres.
Du Pont-Audemer. De Vieux.
Renault.

24 *familles, inconnues à Montfaut en 1463, et qui, en 1540, prouvèrent bien, devant les Elus, leur noblesse de race.*

Du Bosch, au lion. Le Loureux.
Bouchard. Malemoine.
Boulien. Mauduit
Costard. De Maurey.
D'Elbeuf. De Mauregard.
D'Escaille, ou d'Escalles. De Morinville.
D'Escambourg. De Pantou.
Le Gentil. Le Portier.
Georges. Reauval.
Le Gras. Rozée.
Des Hayes. Saint Florentin
Hudebert. Le Sens.

21 *familles, inconnues à Montfaut, qui se disoient nobles de race, ou même de noblesse ancienne, et dont, en 1540, la preuve fut trouvée insuffisante.*

Apparot. Eschallart.
De Brezay. Esnault.
De la Briere. De Fatouville.
De Chantelou. De la Fosse, ou De Soliers.
Daniel. Gobin.

Gueuvier.
De Livaye.
Magnart.
Des Marais.
De la Mondie.
De Montreuil.

Le Paulmier.
Postel.
Restaut.
De la Roche.
Tabouyer.

Nous finissons ici notre travail par une observation qui nous paroît nécessaire. La distinction entre la noblesse de race et la noblesse ancienne est délicate, difficile, incertaine. Nous y avons procédé de bonne foi, et nous croyons notre classification juste en général; cependant nous y aurons sans doute commis plusieurs erreurs. Pour n'en pas commettre, il eût fallu voir les titres de toutes ces familles, et nous n'avons vu les titres d'aucunes. C'est pourquoi nous n'entendons pas soutenir l'exactitude de notre classification contre les familles qui prétendroient à la noblesse ancienne; elles connoissent la portée de leurs titres : elles se rendront justice.